Pekka Mansikka

PHP - helposti

Kansi: Kuva on tehty php-ohjelmalla

© 2018 Mansikka, Pekka
Kustantaja: BoD – Books on Demand, Helsinki, Suomi
Valmistaja: BoD – Books on Demand, Norderstedt, Saksa
ISBN: 978-952-80-0075-4

Sisällysluettelo

Alkusanat

Php on palvelinpohjainen ohjelmointikieli ja se on nopeasti noussut suosituimmaksi verkkosivuilla käytetyksi ohjelmointi-kieleksi. Php-ohjelmointikielen koko nimi on *PHP: Hypertext Preprocessor*. Php perustuu vapaaseen lähdekoodiin ja se on skripti-kieli samoin kuin monet muut nykyiset ohjelmointikielet ja sitä käytetään verkkopalvelinympäristössä toteutettua verkkosivujen luonnissa dynaamisesti.

Php:n syntaksi muistuttaa huomattavasti *C, Perl* ja *Java* kieltä. Tämä ei ole yllättävää, kun tutustumme PHP:n historiaan. Vuonna 1994 tanskalainen Rasmus Lerdorf kirjoitti pienen kokoelman C-kielisiä CGI-skriptejä nimellä Personal Home Page Tools. Hän julkaisi työkalut GPL-lisenssillä kesäkuussa 1995 nimellä PHP/FI (*Personal Home Page/Forms Interpreter*). Tämä oli PHP-kielen alku.

Taulukko PHP:n historiasta

PHP:n versio	Julkaisun ajankohta
PHP/FI	kesäkuu 1995
PHP/FI 2.0	marraskuu 1997
PHP 3.0	kesäkuu 1998
PHP 4	maaliskuu 2000
PHP 5	heinäkuu 2004
PHP 7	joulukuu 2015

Tämän kirjoitushetkellä uusin PHP versio on 7.2.2. Jotta php-skriptejä voisi suorittaa, täytyy palvelimella olla php-tuki. Palvelimen ja php:n asentaminen kotikoneelle tänä laajakaista-aikakautena on myös suositeltavaa, mikäli se ei kuormita koneen muita toimintoja liikaa. Tämä helpottaa huomattavasti omien php-ohjelmien testausta. Lisäksi kotikoneelle voi asentaa tietokantaohjelman, joista yleisimmin käytetään vielä *mysql* tietokanta-ajuria (tämä on tosin pikkuhiljaa poistumassa ja sen korvaajaksi suositellan *mysqli-ajuria*). Hyvä ja helppo asennettava on esim. valmis palvelinpaketti *MAMP-server*, jossa tietokantapalvelin on mukana.

Tämän oppaan tarkoituksena on johdattaa php-kielen alkeisiin, rakenteeseen ja siihen, miten voi saada aikaan omia itsenäisiä php-ohjelmia. En käsittele tässä läheskään kaikkea php-kieleen liittyvää, mutta uskon tästä olevan hyötyä monille, jotka aloittelevat opettelemaan php-ohjelmointia.

Mikäli haluat opetella php-ohjelmointia tämän oppaan avulla, on suositeltavaa, että päivität varmuuden vuoksi käytössäsi olevalla palvelimella PHP:n versioon 5.4 tai uudempaan.

1. Tästä se alkaa

1.1 Syntaksit

Aloitus- ja lopetustagit

Esimerkki 1.1: Perustagit

```
<?php ?>
```

Vaikka php:ta on mahdollista käyttää aloitustagilla <? , niin on suositeltavaa käyttää aina muotoa <?php. Lyhyemmän aloitustagin käyttämiseksi tulee tarpeen vaatiessa muokata *.htacess*-tiedostoa. Php-tiedoston tiedosto-päätteet ovat *.php, .php3, .php4, .php5, .php7, .phps, .phpt* . ja *.phtml* joista yleensä käytetään ainoasataan ensiksimainittua.

Php-skriptin kirjoittaminen sisennyksin on tärkeää, jotta skriptistä saa paremmin selvää, kun sen koko kasvaa huomattavasti.

1.2 Ohjelman sijainti php-tiedostossa

Php-skripti voi sijaita joko body-osiossa tai sen ulkopuolella. Tärkeää siinä on kaksi seikkaa:

- Ohjelman tulostus täytyy olla body-osiossa.
- Muuttujan, jonka tietoja tulostetaan täytyy olla tiedostossa ylempänä kuin varsinainen tulostuskomento.

Php-ohjelman voi sijoittaa aivan sivun alkuun html-tekstien yläpuolelle. Kun html-tageja tulostetaan sivulle normaalisti, ne täytyy erotella php aloitus- ja lopetustagien ulkopuolelle. Html- ja Css-elementtejä voi tulostaa myös suoraan käyttämällä php:n *echo* tai *print* funktiota.

11

Esimerkki 1.3: Pieni php-tiedosto

```
<?php
  $mj="Php-testi"; // sivun alussa
?>
<html>
<head>
<title>Pieni php-ohjelma</title>
</head>
<body>
<?php
echo $mj; // tulostava ohjelma body-tagien väliin
?>
</body>
</html>
```

1.3 Muuttujat

Rakenne ja kutsuminen

Php:n muuttuja voi sisältää jonkin merkkijonon tai jonkin php:n funktion lisäargumentteineen. Muuttuja aloitetaan aina merkillä $. Muuttujia on kolmentyyppisiä: *Skaalarimuuttujat*, jotka voivat sisältää vain jonkin merkkijonon. *Taulukkomuuttujat* muodostavat taulukon. *Objektimuuttujat* toimivat jonkin luokan (class) -sisällä.

Voit vapaasti luoda muuttujia miten paljon tahansa. Itse merkkijono täytyy olla lainausmerkkien tai ns. hipsujen sisällä. Tämä pätee myös tiedostonimiin.

Tiedostonimen jota tarvitset käyttää useammin, kannattaa laittaa muuttujaan merkkijonoksi. Jos merkkijonossa on pelkästään numeroita, sitä ei välttämättä tarvitse asettaa "merkkijonoksi" käyttämällä lainausmerkkejä tai ns. hipsuja numerotietojen ympärillä. Muuttujan sisältö on tällöin *integer*-tyyppinen. (Merkkijono on *string*-tyyppinen).

Komentolause päätetään aina puolipisteeseen. Kommenttien käyttö skriptin seassa on suositeltavaa, jotta sen toiminnasta saa myöhemmin nopeammin selvyyttä. Kommenttiauseita voit lisätä kolmella tavalla:

Esimerkki 1.4: Kommentit

```php
<?php
// yhden rivin kommentti
# yhden rivin kommentti
/* useamman rivin kommentin aloitus
    ja lopetus merkkiin: */
?>
```

Esimerkki 1.5: Perusmuuttujat ja taulukkomuuttuja

```php
<?php
$mj = "Tässä on merkkijono, jossa on yksi lause";
$mj = 'Tässä on merkkijono hipsujen sisällä';
// php:n file-funktio muuttujassa:
$fp = file("tiedosto.txt");
// vaihtoehtoinen tapa:
$fn = "tiedosto.txt"; // tiedostonimi
$fp = file($fn); // otetaan tiedoston nimen
muuttujasta $fn
    echo $fp[2]; // taulukkomuuttujalla tulostetaan 3.
rivi tiedostosta
?>
```

Objektimuuttuja tarvitsee aina luoda ensin sitä varten olevalla skriptillä. Tästä tarkemmin oppaan 15. luvussa sivulta 145 alkaen, jossa tarkastellan PHP-luokan rakennetta.

Muuttujan nimeä voi muuttaa "dynaamisesti". Tällöin käytetään apuna { } - sulkeita.

Esimerkki 1.6: Yhdistetään muuttujanimi

```php
<?php
$nro = 3;
$nimet{$nro} = "Tässä jokin merkkijono tai toiminto";
?>
```

Muuttuja voi olla myös toisen sisällä.

Esimerkki 1.7: Tulostetaan edellinen muuttuja

```php
<?php
$tieto = "Tässä on jotakin tietoa";
$muuttuja = "tieto"; // muuttujan nimi, jota halutaan
${$muuttuja}; //Muuttujan $tieto sisältö
?>
```

Käyttämällä pistettä voidaan muuttujia yhdistää.

Esimerkki 1.8: Matin nimi

```php
<?php
$etunimi = "Matti ";
$sukunimi = "Meikäläinen";
$kokonimi = $etunimi . $sukunimi; //Yhdistää
merkkijonot
$etunimi .= $sukunimi; //Toimii kuten edellinen
?>
```

Muuttujissa voi myös viitata aikaisemmin esiinty-
neisiin muutujanimiin. Tässä käytetään *perl*-kielestä
tuttua &-merkkiä.

Esimerkki 1.9: Muuttujaan viittaaminen.

```php
<?php
$foo = 'Pekka';
$bar = &$foo;
$bar = "Minun nimeni on $bar<br/>";
echo $bar;
echo $foo;
?>
```

Php:ssa on mahdollista tehdä muuttujista vakioita,
kuten muissakin skriptikielissä. Vakioiden hyötynä on
se, että usein tarvittavaa muuttujaa voidaan kutsua
globaalisti koko ohjelmassa, myös aliohjelmissa. Va-
kion luominen onnistuu funktiolla *define*.

Esimerkki 1.10: Vakiomuuttujat

```php
<?php
define("POLKU", "artikkelit/html/");
?
```

Esimerkki 1.11: Käytetään *const* funktiota

```
const POLKU = 'artikkelit/html/';
```

Eri tiedostoissa olevat muuttujat voidaan yhdistää myös *includen* tai *requiren* avulla toimimaan samassa tiedostossa. Tiedostoja, jotka sisällytetään sivustoon edellä mainitulla tavalla, käytetään nimitystä "orjadokumentti", koska niiden sisältöä ei näytetä irrallisena. Näiden tiedostojen päätteenä ei myöskään tarvitse olla *.php* vaan on suositeltavaa, että päätettäänä käytetään esimerkiksi *.inc* tai *.tpl.* Seuraavassa tulee esimerkki, kun yhdistetään kolme tiedostoa.

Esimerkki 1.12: Yhdistetään tiedostot.

```
<?php
// head.inc
$SYSN["title"] = "Sivun otsikko!";
$SYSN["HEADLINE"] = "Isolla tekstillä";$SYSN["FEAR"] =
"Tekstikappale";
?>
<title><?php echo $SYSN["title"]?></title>

<!-- body.html -->
<H1><?php echo $SYSN["HEADLINE"]?></H1>
<p><?php echo $SYSN["FEAR"]?></p>
```

```
<html>
<head>
  <?php include("head.inc"); ?>
</head>
<body>
<?php
  include("body.html");
?>
</body>
</html>
```

1.4 Tulostaminen

Tulostaminen onnistuu käyttämällä funktiota *print* tai *echo*.

Esimerkki 1.13: Muuttujan tulostus.

```
<?php echo $mj; // tulostetaan esimerkin 1.5 merkkijono
?>
```

Kun tulostetaan sekä merkkijonoja, erikoismerkkejä ja muuttujia samalla kertaa, käytetään lainausmerkeissä tulostettaessa seuraavaa tapaa.

Esimerkki 1.14: Lainausmerkit

```
<?php
 echo "Tulostan esimerkissä \"1.5\" olevan muuttujan:
$mj";
?>
```

Kun käytetään ns. hipsuja, merkkijono täytyy katkaista muuttujan kohdalla. Erotinmerkkinä käytetään pistettä. Tässä taas ei tarvita kenoviivoja lainausmerkin kohdalla.

Esimerkki 1.15: Merkkijonon tulostus hipsuilla

```
<?php echo 'Tulostan esimerkissä "1.5" olevan
merkkijonon: '.$mj.' Ok?';?>
```

Myös muuttujissa oleviin merkkijonoihin täytyy soveltaa kenoviivan käyttöä, mikäli merkkijono sisältää erikoismerkkejä.

Muuttujan, joka on luotu "dynaamisesti", tulostaminen hoituu hiukan eri tavalla:

Esimerkki 1.16: Muuttujien tulostus

```
<?php
echo $nimet{$nro}; // esimerkissä 1.6 oleva muuttuja
echo ${$muuttuja}; // esimerkissä 1.7 oleva muuttuja
echo POLKU;  // esimerkeistä 1.10 ja 1.11
?>
```

2. Ohjausrakenteet

2.1 Operaattorit

Ohjausrakenteilla skriptien tuloksia ohjaillaan menemään haluttuun suuntaan. Ohjausrakenteita käytetään erilaisia silmukoita ajamalla. Siihen liityvät kiinteästi vertailuoperaattorit, jotka sisältävät ehtoja siitä, mitä muuttujaa käytetään tekemään jotakin. Kun tietoa haetaan jostakin "tieto-joukosta", silmukat liittyvät kiinteästi näiden operaattorien käyttöön.

Taulukko 1: Vertailu- ja loogisia operaattoreita.

Operaattori	Merkitys	Vaihtoehto
&&	ja	AND
||	tai (jompikumpi tai molemmat	OR
XOR	tai (jompikumpi)	
!	EPÄTOSI	
==	yhtäsuuri	
===	yhtäsuuri ja samaa tyyppiä	
>	suurempi	
<	pienempi	
++	lisätään 1:llä	
--	vähennetään 1:llä	
!=	ei ole sama	<>
>=	suurempi tai sama	
<=	pienempi tai sama	

2.2 Ehtolauseet

Ehtolauseita tarvitaan ohjelman ajamisessa usein. Ehtolauseen muodostavat komennot *if*, *elseif* ja *else*. Otetaan tähän sivulla 13 oleva esimerkin 1.6 kaltainen muuttuja.

Esimerkki 2.1: Tarkistetaan, onko muuttujassa mitään.

```php
<?php
$nimet = $mj2; // tietoa muuttujasta $mj2
$nimet{$nro} = "Tässä jokin merkkijono tai toiminto";
if($nro){
    echo $nimet{$nro}; // tulostetaan uusi muuttuja
}else{
    echo "Ohjelman ajo keskeytetty";
    return;
}
?>
```

Esimerkki 2.2: Tarkistetaan, onko muuttuja *$nro* suurempi kuin muuttuja *$luku*

```php
<?php
$luku = 128;
$nro = 129;
if($nro > $luku){
    echo 'Suurin luku on ' .$nro;
}else{
    echo 'Luku on ' .$luku . ' on suurempi tai yhtäsuuri
kuin luku ' . $nro;
}
?>
```

2.3 For silmukka

Array eli taulukko on tärkeä osa php-ohjelmointia, niimpä otetaan esimerkki arrayn käsittelystä. Käytettäessä *for*-silmukkaa arrayn arvot ensin lasketaan *count*-funktiolla ja määritellän ne esim. *$i*-muuttujalla (tämän muuttujan nimi on vapaa), jonka alkuarvoksi asetetaan 0, eli arrayn ensimmäinen arvo. Sitä nostetaan *$i*++ operaattorilla.

Muuttuja *[$i]*, joka on *for*-silmukassa, käy vuoron perään läpi kaikki arrayn arvot väliltä 0-4, sillä tässä arrayssa on yhteensä 5 arvoa. PHP aloittaa siis aina laskemisen nollasta.

For-silmukkaa kannattaa käyttää varsinkin monimut-

kaisten rakenteiden tulostamiseen, joissa *foreach*
silmukan (*ks. sivu 23*) käyttö voisi aiheuttaa ristiriitoja
rivien kesken.

Esimerkki 2.3: Ruokalajien tulostus

```php
<?php
$tieto=array("omena","päärynä","kurkku",
        "banaani","porkkana");
for($i=0;$i<count($tieto);$i++)
{
    echo $tieto[$i]."<br/>";
}
?>
```

Esimerkki 2.4: File-funktio tekee tiedoston sisällöstä
taulukon.

```php
<?php
$tieto=file("tiedosto.txt");
for($i=0;$i<count($tieto);$i++) {
    echo $tieto[$i]."<br/>";
}
?>
```

Arrayn sisältöä voi pilkkoa osiin. Tätä voidaan ha-
vainnollistaa käsittelemällä tiedoston sisältöä arrayna
file-funktion avulla. Tiedostosta voidaan tulostaa pel-
kästään haluttuja osia käyttäen apuna *explode*-funk-
tiota, jota käytetään uuden taulukon luomiseen merk-
kijonosta (tässä tapauksessa kustakin tiedoston ri-
vistä).

Tällöin tiedostoon sisällytetään erotinmerkkejä, jotka
toimivat taulukon "solujen seininä".

Esimerkki 2.5: Asetetaan erotinmerkiksi |||

```php
<?php
$nimi="Pauli";
$fp=file("tiedosto.txt");
for($i=0;$i<count($fp);$i++){
  // tehdään tiedoston kustakin rivistä uusi array-
taulukko
  $os=explode("|||",$fp[$i]);
  // tarkistetaan löytyykö $nimi-muuttujassa olevaa
merkkijonoa
  if($os[0] == $nimi) {
    echo $os[1]; // Tulostetaan Paulin sukunimi.
  }
  echo $os[2] . "<br/>"; // Tulostetaan lähiosoitteet
}
?>
```

Esimerkki 2.6: Luodaan värikäs taulukko

```php
<?php
$vari1 = 55;
$vari2 = 55;
$vari3 = 1; ?>
<table width='180' cellspacing=0>
<?php for($i=0;$i <200;$i++){?>
  <tr><td style='background-color:rgb(<?php echo
"$vari1,$vari2,$vari3";?>);height:1px'></td></tr>
  <?php
  $vari1++; // suurennetaan rgb-värejä
  $vari2++;
  $vari3++;
} ?>
```

Tässä esimerkissä huomioitiin lisäksi, että html-tageja ei välttämättä kannatta tulostaa php:n avulla, sillä ne tulostuvat muutenkin.

2.4 While silmukka

While silmukan tulostus eroaa hiukan for-silmukasta. Tulostetaan esimerkissä sama array kuin äsken. *While*-silmukassa $i-alkuarvo laitetaan silmukan yläpuolelle ja sitä kasvatetaan silmukkaan lisättävällä *$i++* operaattorilla. Erona *for*-silmukan vastaavaan toimintoon on myös se, ettei arrayn arvoja lasketa etukäteen.

Esimerkki 2.6: Ruokalajit jälleen testissä

```php
<?php
$tieto=array("omena","päärynä","kurkku",
             "banaani","porkkana");
$i=0;
while($tieto[$i]) {
    echo $tieto[$i]."<br>";
    $i++;
}?>
```

Tiedostosta tulostaminen. Tiedosto avataan ensin funktiolla *fopen.* Sille käytetään argumenttia *"r"*, joka tarkoittaa tiedoston avaamista pelkästään lukemista varten (Tiedoston käsittelystä lähemmin luvussa 4). *While*-silmukassa käytetään funktiota *feof* tarkistamaan, että tiedostossa on vielä rivejä jäljellä.

Tiedoston rivien laskemiseen käytetään *fgets*- funktiota, joka lukee seuraavan rivin tiedostosta. Tätä käytettäessä ei tarvitse käyttää *$i*-muuttujaa. Lopuksi funktiolla *fclose* suljetaan tiedosto.

Esimerkki 2.7: Lasketaan rivit

```php
<?php
$tiedosto=fopen("tiedosto.txt","r"); // Avataan
tiedosto
while(!feof($tiedosto)){
echo fgets($tiedosto);
    echo "<br>";
}
fclose($tiedosto); ?>
```

Tämä voidaan tulostaa myös samaan tapaan kuin aikaisempi array käyttämällä *file*-funktiota. Myös *while*-silmukan *$i*-muuttujan arvot voi tulostaa samaan tapaan kuin *for*-silmukassa asettamalla tulostettavien arvojen määrän silmukkaan. Silmukan pysäyttäminen:

- **continue**, poistuu silmukasta jatkaen ohjelmaa muualla
- **return**, poistuu silmukasta ja palaa määrättyyn ohjelmaan
- **exit**, pysäyttää ohjelman ajon
- **break**, pysäyttää ohjelman määrättyyn kohtaan

Esimerkki 2.8: Tulostetaan 20 lukua alkaen luvusta 67

```php
<?php
$tieto=67;
$i=0;
while($i <19) {
    echo $tieto."<br>";
    $tieto++;
    $i++;
}?>
```

2.5 Switch silmukka

Switch-lauseet antavat mahdollisuuden yhden muuttujan rinnakkaiseen vertailemiseen. Muuttujaa verrataan funktiolla *case*.

Esimerkki 2.9: Tavallinen switch-silmukka

```php
<?php
$muuttuja="toinen";
switch($muuttuja) {
  case "eka" :
    echo "eka case";
    break;
  case "toinen" :
    echo "toka case";
    break;
  default :
    echo " default komento ";
    break;
}?>
```

Ensimmäiset komennot suoritetaan, jos muuttujan *$muuttuja* arvo vastaa arvoa *"eka"*. Jos taas *$muut-*

tuja vastaa arvoa *"toinen"*, suoritetaan sen alla olevat komennot. Jos mikään *case*-funktiolla asetettu arvo ei vastaa muuttujan *$muuttuja* arvoa, suoritetaan *"default"*:n alla olevat komennot. *Break* katkaisee komentojen suorittamisen jälkeen kyseisen *switch* -rakenteen suorituksen, jolloin ohjelmaa jatketaan viimeistä aaltosulkua seuraavalta riviltä.

2.6 Foreach silmukka

Foreach silmukka on helppo tapa tulostaa erilaisia taulukoita. Tästä tulee laajempia esimerkkejä taulukoita käsittelevässä luvussa.

Esimerkki 2.10: Yksinkertainen *foreach* silmukka

```php
<?php
$array = array("kesäinen","talvinen","syksyinen");
foreach($array as $muuttuja){
    echo "Sää on kovin $muuttuja<br>";
}?>
```

Esimerkki 2.11: Yleisempi *foreach* silmukka

```php
<?php
$array=array(0=>array("yksi"=> "kesäinen", "kaks"=>
"talvinen", "kol"=> "syksyinen"));
foreach($array as $muuttuja){
    echo $muuttuja['yksi'];
}?>
```

3. Aliohjelmat

3.1 Rakenne

Aliohjelmat eli funktiot ovat tärkeä osa php-ohjelmaa. Niimpä käymme niitä läpi jo tässä näin alkuvaiheessa. Aliohjelma aloitetaan aina komennolla *function*. Aliohjelmalle annetaan jokin nimi ja nimen perään asetetaan kaarisulkeet. Tältä osin se muistuttaa hiukan silmukoita, joita käytiin läpi edellisessä luvussa.

Varsinainen aliohjelma on {} -sulkeiden välissä. Tässä on huomattavaa se, että muuttuja-nimet jotka ovat tämän ulkopuolella, eivät automaattisesti saa näkyvyyttä aliohjelman sisällä. Niimpä niille tulee asettaa näkyvyys-oikeus haluttuun aliohjelmaan.

Kaarisulkeisiin voi laittaa muuttujanimiä, joita kyseinen aliohjelma eli funktio tarvitsee. Niiden ei tarvitse kuitenkaan olla samoja, sillä aliohjelma ottaa tiedot siinä järjestyksessä kuin ne niille syötetään. Sen tilalla voi käyttää *global*-funktiota, jolla voi määritellä muuttujan globaaliksi kyseiseen aliohjelmaan nähden.

Esimerkki 3.1: Pieni aliohjelma

```
<?php
$mj="Uusi merkkijono";
function tulostus($string){
    return "<strong>$string</strong>";
}?>
```

Esimerkki 3.2: Tehdään muuttujista globaaleja

```
<?php
$nimi="Matti Meikäläinen";
$mj="Uusi merkkijono";
function tulostus(){
  global $mj,$nimi;
  echo $nimi."<br/>".$mj;
}?>
```

3.2 Funktion kutsuminen

Yllä olevia funktiota tulostettaessa ei tarvita *echo* tai *print* komentoa, koska aliohjelma jo sisältää kyseisen komennon.

Esimerkki 3.3: Tulostetaan ylläoleva tulostus-funktio

```php
<?php
  echo tulostus($mj); // esimerkistä 3.1
  tulostus(); // esimerkissä 3.2 oleva funktio-muoto
?>
```

Funktio kannattaa sijoittaa aivan php-tiedoston alkuun tai suurissa ohjelmissa ulkopuoliseen php-tiedostoon. Nämä ovat tässä vain lyhyinä esimerkkeinä funktion rakenteesta ja toiminnasta. Yleensä funktioihin ei kannata laittaa näin pieniä ohjelmia, vaan hiukan laajempia toimintoja, kuten laskuri, rekisteröityminen, kirjautuminen, suuren taulukon tulostus, tiedostoon tai tietokantaan tallennus jne.

3.3 Funktion olemassaolon tarkistus

Joissakin tapauksissa on hyvä tarkistaa funktion olemassaolo ennen kuin sitä kutsutaan. Näin vältytään ylimääräisiltä virheilmoituksilta.

Esimerkki 3.4: Tarkistetaan löytyykö funktio "tulostus"

```php
<?php
if(function_exists("tulostus")){
  tulostus($mj);
}?>
```

Funktion olemassaolon tarkistaminen on tärkeämpää joissakin uusimmissa php:n omissa funktioissa. Tämä johtuu siitä, että php:n päivitysten myötä tulee välillä uusia monipuolisia funktioita, jotka ei toimi suoraan vanhemmissa versioissa. (Usein näihin on saatavilla php-skripti, jolla sen saa muutoin toimimaan). Kun jaksat vähän aikaa opiskella, niin voit jo suunnitella kokonaan uusia funktioita, jotka monipuolisuudessaan ovat php.netin omien funktioiden veroisia.

3.4 Oma funktiokirjasto

Tehtyäsi useampia omia funktioita ne kannattaa yhdistää yhteiseen "kirjastoon". Parhaiten tämä onnistuu tallentamalla ne kaikki samaan tiedostoon, jolle annat nimeksi esim. *funktiot.php*. Funktiokirjastosi voit liittää osaksi omaa ohjelmaa ainakin kolmella eri tavalla. Yleisin on käyttää *include* tai *require* -funktiota. Näillä voit liittää minkä tahansa ulkopuolisen tiedoston osaksi phptiedostoa.

Esimerkki 3.5: Käytetään include-funktiota.

```
<?php include("funktiot.php"); ?>
```

Mikäli olet asentanut kotikoneellesi *Apache-* ja *php*-palvelimen, voit päästä muokkaamaan suoraan php:n asetuksia tiedostosta *php.ini*.
Tärkeää: Tiedostossa *funktiot.php* ei saa olla tyhjiä merkkejä php:n aloitus- ja lopetustagien ulkopuolella. Tämä sääntö on ehdoton, jos kotisivutilassasi käytät evästeitä tai istuntoja ja tarvitset *session_start*, *ob_start* ja/tai *header* -funktiota.

Esimerkki 3.6: Muuta php.inin tätä riviä seuraavaan tapaan (windows).

```
auto_prepend_file = c:apache/funktiot.php
```

Toisin sanoen kirjoita siihen tiedostopolku, johon sijoitit tiedoston *funktiot.php*. Tämän avulla saat kyseisessä tiedostossa olevat funktiot käyttöösi "dynaamisesti" samaan tapaan kuin php.netin omat funktiot.
Vaihtoehtoisesti voit muuttaa tätä myös luomalla tiedoston *.htacess* ja asettamalla sen kotisivutilasi juureen. Sen kautta voit muokata php:n ominaisuuksia.

Esimerkki 3.7: Lisää *.htacess* -tiedostoon seuraava rivi:

```
php_value auto_prepend_file "/www/html/1201/funktiot.php"
```

Kirjoita tuohon lainausmerkkien sisään kotipolku, jossa *funktiot.php* tiedostosi sijaitsee. Ellet ole kotipolun osoittesta varma, niin php:n muuttujalla *$_SERVER["DOCUMENT_ROOT"]* voit nähdä kotisivutilasi juurihakemiston polun.

4. Tiedoston käsittely

4.1 Tiedostojen käyttöoikeus

Ohjausrakenteita käsiteltäessä tuli jo jonkun verran tiedostojen käsittelystä. Tässä perehdymme siihen hiukan tarkemmin. Fopen-funktio näyttelee pääosaa tiedoston muokkaamisessa. Tiedostojen käsittelyssä tarvitaan monia muitakin funktioita, taulukossa 3 on lista funktioista, joiden toimintoja tarkastelemme oppaan tässä luvussa. Ennen kuin tiedostoa voi muokata, tiedoston sekä mahdollisten hakemistojen käyttöoikeuksia täytyy tarvittaessa muuttaa ennen kuin niihin voi kirjoittaa. Tästä säännöstä on kaksi varteenotettavaa poikkeusta, jälkimmäinen on käytössä hyvin suurella osalla palvelimista:

- Mikäli palvelin on omalla tietokoneella windows-käyttöjärjestelmässä.
- Mikäli palvelimen ylläpitäjä on järjestänyt niin, että php-skriptit suoritetaan käyttäjätunnuksilla.

Aloitamme tiedoston käyttöoikeuksien muuttamisella. Monella FTP-ohjelmalla tiedostojen oikeuksia voi muuttaa klikkaamalla hiiren oikeaa painiketta "maalatun" tiedostokuvakkeen päällä ja siitä avatuu valikko, josta valitaan Tiedosto-oikeudet tai Chmod (englannin kielisessä ohjelmassa). Tämä valinta avaa taulukon, jossa on yhteensä yhdeksän ruudukkoa. Esimerkiksi WS_FTP tai Filezilla ohjelmassa ruksataan kaikki muut paitsi kolme alinta ruutua. Tämä on käyttöoikeus arvo 666, jossa asetetaan tiedostolle luku ja kirjoitusoikeus kaikille php-tiedoston käyttäjille. Hakemistojen käyttöoikeuden arvon tulee olla 775 tai joillakin palvelimilla 777 - toisin sanoen ruksataan kaikki yhdeksän ruutua chmod-taulukosta – jotta hakemistossa olevia tiedostoja voi muokata php- ohjelmalla. Tiedostojen käyttöoikeuksia voi muokata tarvittaessa myös php:lla.

Ennen kuin tiedostoon yrittää kirjoittaa, sen käyttö-
oikeuden voi tarkistaa myös *is_writable* funktiolla.

Esimerkki 4.1: Käyttöoikeuksien tarkistus

```php
<?php
$fn = "tiedosto.txt";
if(is_writable($fn)){
   echo "Tiedostoon voi kirjoittaa;
}?>
```

Esimerkki 4.2: Käyttöoikeuksien muuttaminen php:lla

```php
<?php
$fn = "tiedosto.txt";
if(file_exists($fn)){
   chmod($fn,"0666");
}?>
```

Tässä ensin tarkistettiinn *file_exists* -funktiolla tie-
doston olemassaolo, jotta vältytään turhilta virheilmoi-
tuksilta, jos tiedostoa ei ole.

Esimerkki 4.3: Tarkistetaan tiedoston käyttöoikeus

```php
<?php
$fp="tiedosto.txt";
echo substr(sprintf('%o',fileperms($fp)), -4);
?>
```

Esimerkki 4.4: Lisätään käytöoikeuden tarkistukseen
ehtolause.

```php
<?php
$fp="tiedosto.txt";
$chmod=substr(sprintf('%o',fileperms($fp)), -4);
if($chmod !='0666') {
chmod("$fp","0666") or die ("Oikeuksien muuttaminen ei
onnistunut");
// näytetään muutettu chmod-arvo
echo substr(sprintf('%o',fileperms($fp)), -4);
}?>
```

4.2 Tiedoston lukeminen ja tiedostoon kirjoittaminen

Seuraavaksi tarkastelemme tiedoston käsittelyä *fopen* ja *fwrite* funktioiden avulla. Taulukossa 2 on *fopen*-funktion lisäparametrit. Kun halutaan lukea tiedostosta vain osa, siinä voidaan käyttää funktiota *fgets* ja *fgetss*, jotka lukevat määrätyn verran tavuja tiedostosta.

Esimerkki 4.5: Luetaan tiedostosta 255 tavua.

```php
<?php
$ts =fopen("tekstit.txt","r");
while(!feof($ts)) {
$rivi = fgets($ts, 255);
echo $rivi ."<br>";
}
fclose($ts);
?>
```

Funktio *fgetss* toimii samoin, mutta se poistaa html-tagit. Siirrytään sitten varsinaiseen muokkaukseen. Monessa tapauksessa, kuten ns. flatfile-vieraskirjassa, täytyy kirjoittaa tiedoston loppuun. Parametri *a+* luo tarvittaessa tiedoston, ellei sitä ole. Windows-käyttöjärjestelmä asettaa myös *fopen*-argumenttien toimivuuteen poikkeuksia. Jos palvelin on windows-käyttöjärjestelmässä kotikoneella, pelkästään argumentti "a" luo uuden tiedoston tarvittaessa. Älä anna tämän harhauttaa, mikäli haluat testiohjelmasi tomivan myös verkkopalvelimella.

Kun kirjoitetaan tiedostoon, tarvitsee käyttää rivinvaihtomerkkiä, jotta tiedot tallentuvat eri riveille. Rivinvaihtomerkkinä toimii parhaiten \r\n(unix,win) ja \n(linux-palvelin).

Esimerkki 4.6: Korvataan tiedoston tiedot uusilla tiedoilla.

```
<?php
$fp = fopen($tiedosto,"w"); // tyhjennetään tiedosto
avattaessa.
fwrite($fp,$mj); // tallennetaan muuttujassa $mj oleva
merkkijono
fclose($fp); // suljetaan tiedosto
?>
```

Esimerkki 4.7: Kirjoitetaan tiedoston loppuun

```
<?php
$fp = fopen($tiedosto,"a+"); //luodaan tiedosto
tarvittaessa
fwrite($fp,$mj."\r\n"); // tallennetaan ja tehdään
rivinvaihto
fclose($fp); // suljetaan tiedosto
?>
```

Taulukko 2: Fopen-funktion argumentit:

Argumentti	Toiminto
r	Lukee tiedoston
r+	Kirjoittaa tiedoston alkuun
a	Kirjoittaa tiedoston loppuun
w	"Ylikirjoittaa" eli korvaa edellisen tekstin tiedostosta syötetyllä merkkijonolle. Jos tiedostoa ei ole, luo uuden tiedoston.
w+	Sama kuin edellinen, mutta ei luo uutta tiedostoa, jos sitä ei ole.
rb	Lukee tiedoston (windows)

4.3 Tiedostolaskurin käsittely

Kotisivujen kävijälaskureista on olemassa monia malleja verkkosivuilla. Käsittelen asiaa lyhyesti, vaikka en suosittele omia tiedostolaskureita sellaisille sivuille joilla on kohtalaisen paljon kävijöitä. Nykyisin on saatavilla netistä edullullista levytilaa, joissa on tarjolla myös mysql-tietokanta. Niitä kannattaa hyödyntää. Jotta laskuri olisi käytännöllinen, sen tulee hoitaa seuraavat tehtävät:

- Lisätä uusi laskuritiedosto automaattisesti, kun laskuri aloitetaan.
- Jos sivuilla on kaksi tai useampi samanaikainen kävijä, laskurin nollaantuminen on estetetään.
- Haluttaessa kaikkia sivulatauksia ei tallenneta laskuriin.
- Tarvittaessa laskuriin lisätään vain uniikit kävijät eli sama kävijä lisätään vain kerran.

Tarkastellaan tätä kohta kerrallaan. Ensiksi ehto yksi.

Esimerkki 4.8: Lisätään laskuritiedosto, jos sitä ei ole

```php
<?php
$laskuri="laskurit/counter.txt";
if(!file_exists($laskuri)) {
  $fc=fopen($laskuri,"w");
  fwrite($fc,"1"); // aloitetaan lisäämällä laskuriin
numero 1
  fclose($fc);
}?>
```

Jos laskuritiedosto on olemassa, siitä ensin luetaan edellinen laskurilukema ja sen jälkeen lisätään lukemaa yhdellä. Tiedoston lukemiseen on ainakin kolme eri mahdollisuutta: *fopen*, *file* ja *file_get_contents*. Otetaan tähän kustakin esimerkki.

Esimerkki 4.9: Luetaan kuukausi-laskurin tiedosto file-funktiolla

```php
<?php
$kuukk=date("m"); // kuluva kuukausi muodossa 01-12
$fp='laskurit/2006/'.$kuukk.'.txt"; // tiedosto
hakemistossa 2006
$lue=file($fp);
$tmp=$lue[0]; // tiedoston 1. rivi
$tmp++; // lisätään laskuria yhdellä
?>
```

Esimerkki 4.10: File_get_contens-funktiolla lukeminen

```php
<?php
$kuukk=date("m"); // kuluva kuukausi muodossa 01-12
$fp='laskurit/2006/'.$kuukk.'.txt'; // tiedosto
hakemistossa 2006
$tmp=trim(file_get_contents($fp)); // tiedoston sisältö
$tmp++; // lisätään laskuria yhdellä
?>
```

Esimerkki 4.11: Luetaan vuosi-laskurin tiedosto fopen-funktiolla

```php
<?php
$vuos=date("Y"); // kuluva vuosi muodossa 2006
$fp='laskurit/2006/'.$vuos.'.txt'; // tiedosto
hakemistossa 2006

$lue=fopen($fp,"r");
$tmp=fgets($lue); // tiedoston 1. rivi
fclose($fp);
$tmp++; // lisätään laskuria yhdellä
?>
```

Näistä *file_get_contents* on kaikkein lyhin tapa lukea tiedosto.

Tarkastellaan seuraavaksi tuota ehtoa 2, miten estetään laskurin nollaantuminen.

Esimerkki 4.12: Tarkistetaaan uusi lukema ennen tallennusta.

```php
<?php
if($tmp >1) {
// jos lukema on suurempi kuin yksi
  $fw=fopen($vuos,"w");
  twrite($fw,$tmp); // tallennetaan uusi lukema
  fclose($fw);
}?>
```

Tämä lukeman tarkistaminen estää laskurin nollaantumisen, jos sivuille tulee kaksi kävijää samanaikaisesti. *Session*-laskurilla estetään se, että kävijän kaikki sivulataukset tallentuisivat laskuriin. Vaihtoehtona tälle on asettamalla laskurille *eväste* eli "keksi" esim. viideksi minuutiksi.

Esimerkki 4.13: Session-laskurin asettaminen

```php
<?php
ob_start();
session_start(); // Session käynnistetään tiedoston
alussa
$vuos=date("Y"); // kuluva vuosi muodossa 2006
if(!$_SESSION['vuosilaskuri']) {
  // jos sessionia ei löydy
  $_SESSION['vuosilaskuri']='laskurit/2006/'.
$vuos.'.log';
  if(!file_exists($_SESSION['vuosilaskuri'])){
    // jos tiedostoa ei löydy
    $fw=fopen($_SESSION['vuosilaskuri'],"w");
    fwrite($fw, "1"); // aloitetaan uusi laskuri
    fclose($fw);
  }
}?>
```

Aikaisempaan skriptiin verrattuna tarvitsee vaihtaa vain tuo muuttuja, joka ilmoittaa tiedostonimen, käyttäen globaalista muuttujaa *$_SESSION* ja lisätä sessionin tarkistus. Mikäli on tarvetta tallentaa *uniikit* kävijät, sen voi tehdä ainakin kahdella tavalla:

1. Asettamalla eväste kävijälle, kun hän tulee sivulle ensi kerran. Evästeen loppumisajaksi asetetaan kuluvan kuukauden loppu.

2. Pienillä sivustoilla, joilla on vain muutamia kävijöitä, tallennetaan kävijän ip-tunnus johonkin *.txt*-tiedoston kaltaiseen tiedostoon, jonka loppupääte voi olla vapaasti valittava, esimerkiksi *.cnt*. Kun sivulle tullaan, tarkistetaan jokaisen tulijan ip, löytyykö sitä kyseisestä tiedostosta. Jos ei löydy, lisätään laskuria 1:llä ja tallennetaan ip.

4.4. Tiedoston avaaminen html-lomakkeelle

Php-ohjelmissa on monessa kohdin tarvetta avata tiedosto tai tiedoston osia html-lomakkeelle muokkausta varten. Tällaisia tarpeita on esim. admin- eli ylläpitosivulla, sivustoilla, joissa käyttäjät voivat muokata omia tekstejä, kuten foorumit, uutis-tai muut artikkelit, joita käyttäjät voivat lisätä. Tässä osassa tarkastelemme pelkästään koko tiedoston avaamista html-lomakkeelle. Luvussa 7 on myös tarkemmin tietoa html-lomakkeista.

Esimerkki 4.14: Avataan tiedosto textareaan.

```php
<?php
$tied="tekstit.htm";
$fp=file($tied);?>
<form action="muokkaus.php?muokkaa=<?php echo $tied;?>"
method="post">
<textarea cols=300 name="muokkaa_teksti" rows=15>
<?php for($i=0;$i<count($fp);$i++){
    echo $fp[$i];
}?>
</textarea>
<input type="submit" name="laheta" value="Tallenna">
</form>
?>
```

Kun muokattua tiedostoa tallennetaan, siinä tulee käyttää hiukan esikäsittelyjä ennen tallennusta, kuten esimerkiski funktiota *stripslashes*. Tätä käsitellään lähemmin merkkijonoja käsittelevässä luvussa.

4.5. Tiedoston muokkausajan tarkistus ja tiedoston poisto

Tiedoston muokkausajan voi tarkistaa funktiolla *filectime*. Otetaan sellainen esimerkki, jossa tietyn ikäinen tiedosto poistetaan. Kyseessä on tiedosto, jonka ikä on ylittänyt evästeen kestoajan. Apuna käytetään funktiota *time*, joka laskee ajan sekunteina ajankohdasta 1.1.1970. Tiedoston poistoon käytetään funktiota *unlink*.

Taulukko 3: Joitakin tarpeellisia tiedosto-funktioita:

Funktio	Toiminto
file	Lukee tiedoston rivit taulukkoon
file_exists	Tarkistaa, onko tiedostoa olemassa
filectime	Näyttää tiedoston viimeisen muokkausajan
file_get_contents	Näyttää tiedoston sisällön merkkijonona
fileperms	Kertoo tiedoston käyttöoikeuden
filesize	Näyttää tiedoston koon tavuina
filetype	Tarkistaa, onko kyseessä tiedosto vai hakemisto
fopen	Avaa tiedoston
fwrite	Kirjoittaa tiedostoon
fputs	Kirjoittaa tiedostoon
fgets	Lukee tiedostosta valitun tavumäärän
fread	Lukee tiedoston tai osan siitä
fclose	Sulkee tiedoston
fclock	Lukitsee tiedoston
copy	Kopioi tiedoston
chmod	Muuttaa tiedoston oikeuksia
is_file	Tarkistaa, onko kyseessä tiedosto
is_dir	Tarkistaa, onko kyseessä hakemisto
is_writable	Tarkistaa, onko kirjoitusoikeuksia
mkdir	Luo hakemiston
rmdir	Poistaa hakemiston
basename	Näyttää tiedostonimen tiedostopolusta
dirname	Näyttää hakemistopolun
pathinfo	Näyttää arrayssa tiedostopolun tiedot
rename	Muuttaa tiedoston nimen
unlink	Poistaa tiedoston

4.6 Tiedoston rivin muokkaus

Opetellaan tässä samalla hiukan php:n luokkarakenteen käyttöä. Käytetään tässä tiedostossa olevan taulukon muokkaukseen tekemääni luokkaa *File_lib (ks. esimerkki 4.17).*

Ensin muokattavan tiedoston rivi avataan html-lomakkeelle tekstikenttään, josta uudet tiedot syötetään funktiolle. *File_lib* -luokalle syötetään tietona tiedoston nimi, muokattavan rivin numero ja tallennettava teksti.

Esimerkki 4.15: Tutkitaan tiedoston ikä ja tarvittaessa poistetaan.

```php
<?php
$cookie=86400; // evästeen aika sekunteina: 1 vrk
$now=time(); // nykyhetki sekunteina

$up="up/markus.txt";
$usr=filectime($up); // tiedoston muokkaushetki
$ika=$now-$usr; // vähennetään nykyhetkestä tiedoston
luontihetki
if($ika >$cookie) { // jos ikä on suurempi kuin evästeen
aika
unlink($up); // poistetaan tiedosto
}?>
```

Esimerkki 4.16: Tallennetaan muokattu rivi

```php
<?php
require_once("file_lib.php");
if(isset($_POST['muokkaus'])){
    $muokattu = striplashes($_POST['muokkaus']);
    $muokkaa = new File_lib($tiedosto,$muokattu, $rivi);
    $muokkaa->editrow();
}?>
```

Esimerkki 4.17: Luokka *File_lib*

```
class File_lib{
   public function __construct($filename, $value = '',
$line =''){
         $this->file = $filename;
         $this->line = $line;
         $this->value = $value;
   }
   public function create(){
       if( !file_exists($this->file) ){
          $fp = fopen($this->file, 'w+');
          fwrite($fp, $this->value);
          fclose($fp);
       }
   }
   public function editrow(){
       $filem = file($this->file);
       unset($filem[$this->line]);
       array_splice($filem, $this->line, 0,  $this-
>value . "\r\n");
       $content = implode("", $filem);
       $fp = fopen($this->file, "w");
       fwrite($fp, $content);
       fclose($fp);
    }
   public function editcell($cell, $cellspacing){
       $filem = file($this->file);
       $filem[$this->line] = explode($cellspacing,
$file[$this->line]);
       if( isset($filem[$this->line][$cell]) ){
           unset($filem[$this->line][$cell]); //
poistetaan solu
           array_splice($filem[$this->line], $cell, 0,
$this->value);
       }
       $filem[$this->line] = implode($cellspacing,
$file[$this->line]);
          if(trim($filem[$this->line]) == ''){
              // jos rivi on tyhjä
            array_splice($filem, $this->line, 0, $this-
>value);
          }
       $all = implode("", $filem);
       $fw = fopen($this->file, "w");
       fwrite($fw, $all);
       fclose($fw);
   }
}
```

4.7 Taulukon luonti tiedostoon

Tiedostoja voidaan käytettää runsaasti taulukkojen luontiin sellaisessa ympäristössä, missä ei ole tietokanta-palvelinta tarjolla. Lisäksi tiedostoja voi käyttää tilanteissa, joissa tietokantaan tallennettavan tiedon määrä olisi hyvin vähäistä. Tiedostoon tallennetaan ns. taulukon solujen erotinmerkit eli asetetaan *cellspacing*. Kukin voi asettaa sille haluamansa merkin, mutta se tulee olla sellainen, jota ei käytetä tiedostossa olevaan taulukkoon tulevassa muussa tekstissä.

Esimerkki 4.18: Lyhyt tekstitiedosto, jossa on taulukko

```
Matti Meikäläinen|Matinkuja 2 a 4|00001 Virtavuoma|Finland
Juha Juhala|Juhontie 99|Juhankylä|Finland
Esko Eskola|Esantie 1|Eskola|Finland
```

Kun tiedostossa on jotakin moipuolisempaa tekstiä, solun erotinmerkkinä kannattaa olla jokin vaikeampi merkki. Siinä voi käyttää myös jotakin merkkijonoa. Hyviä esimerkkejä tästä ovat seuraavat: *&td)*, *&td>*, *(td)* ja *[$$]*, joissa kussakin on 4 merkkiä. Näistä jälkimnmäinen jäkjittelee php-ohjelman rakennetta taulukon muotoilussa.

Voit käyttää *File_lib* luokkaa myös tiedoston luomiseen.

Esimerkki 4.19: Luodaan tekstitiedosto

```php
<?php
require_once("file_lib.php");
if(isset($_POST['tiedosto'])){
    $tiedosto = trim($_POST['tiedosto']);
    $teksti = $_POST['teksti'];
    $luo = new File_lib($tiedosto, $teksti);
    $luo->create();
}?>
```

4.8 Tiedostossa olevan taulukon muokkaus

Tiedostossa olevaa taulukkoa voi muokata edellä olevan *File_lib* luokan metodilla *editcell*. Se on tarkoitettu muokkaamaan tiedostossa sijaitsevan taulukon solua. Luokalle syötetään tarpeelliset tiedot html-lomakkeelta.

Esimerkki 4.20: Tallennetaan lomakkeen tiedot

```php
<?php
require_once("file_lib.php");
if(isset($_POST['tallenna_muutos'])){
    $tiedosto = $_POST['tiedosto'];
    $rivi = $_POST['rivi']; // esim. '4'
    $solu = $_POST['solu']; // esim. '2'
    $soluerotin = '|';
    $muokattu = $_POST['muokkaus'];

    $muokkaa = new File_lib($tiedosto,$muokattu, $rivi);
    $muokkaa->editcell($solu, $soluerotin);
}?>
```

4.9 Hakemiston avaaminen ja selaaminen

Hakemiston avaaminen onnistuu funktiolla *opendir*. Sen lukemiseen käytetään funktiota *readdir*. Näiden avulla hakemiston sisältävät tiedostot voidaan listata ja asettaa ehdolle esim. muokkausta varten.

Esimerkki 4.21: Avataan ja luetaan hakemisto "jutut".

```php
$hakemisto="jutut";
$avaa=opendir($hakemisto);
while( ($file = readdir($avaa) ) != false ) {
  echo($file."<br>");
}
```

Jos haluaa muokata tiedostoja tai tutkia niiden muokkauspäivää, on tarpeellista lisätä tiedoston polku tulostukseen.

Esimerkki 4.22: Tulostetaan tiedostojen muokkausaika

```php
<?php
 $hakemisto = "jutut";
 $avaa = opendir($hakemisto);
while( ($file = readdir($avaa) ) != false ) {
  echo($file . " muokattu: " . date ("m d Y H:i:s.",
  filemtime($hakemisto . $file)) . "<br>");
}?>
```

Tässä luvussa on jo sivuttu evästeiden asettamista, sitä käydään tarkemmin läpi 9:ssa luvussa. Olemme tässä jo sivunnet toimintoja, joissa tarvitsee hyödyntää php:n sisäänrakennettuja globaaleja muuttujia. Tästä lähemmin seuraavassa luvussa.

Hakemistojen selaamiseen on tarkoitettu myös php-luokka *DirectoryIterator*, josta seuraavassa esimerkki.

Esimerkki 4.23: Listataan hakemiston sisältö

```php
<?php
$iterator = new DirectoryIterator("/MAMP/htdocs/arkisto/2018/");

foreach ($iterator as $file) {
        echo $file."<br>";
}?>
```

Esimerkki 4.24: Hakemistopolun voi tulostaa funktiolla *dirname*.

```php
<?php
$dir = dirname("/MAMP/htdocs/arkisto/2018/index.php");
 echo $dir;
?>
```

4.10 Hakemistojen luominen ja poisto

Hakemistojen luominen php:ssa onnistuu parhaiten omalla palvelimella. Syynä tähän on se, että joissakin tapauksissa palvelimelle on asetettu turvallisuussyitä php:n *SAFE_MODE* päälle ja *mkdir* voi kuuluua estettyihin funktioihin. Tosin jos osaat hiukan perl-ohjelmointia, tämä ongelma on sillä kierrettävissä.

Esimerkki 4.25: Luodaan hakemisto.

```php
<?php
$uusi_hakemisto='/home/user/www/jutut';
if(!is_dir($uusi_hakemisto)){
  @mkdir($uusi_hakemisto,0775);
}?>
```

Tässä ensin tarkistetaan, ettei luotavaa hakemistoa ole ennestään olemassa ja sen jälkeen luodaan hakemisto *mkdir*-funktiolla. Luomisen yhteydessä hakemistolle annetaan tässä käyttöoikeuden arvoksi 775 (ilman tätä vapaaehtoista argumenttia arvoksi tulee 755). Hakemiston poisto vastaavasti tapahtuu *rmdir*-funktiola.

5.1 Rakenne

Tavallisista muuttujista poiketen php:n sisäiset muuttujat alkavat lähes aina merkeillä $_ (poikkeuksena mm. $GLOBALS -muuttuja) ja niiden näkyvyysalue kattaa aina myös kaikki aliohjelmat ja luokat. Ympäristömuuttujia tarvitaan hyvin monessa eri tilanteessa.

Ympäristömuuttujat ovat dynaamisia php taulukoita. Osa taulukoiden sisällöstä on olemassa vakiona, kuten taulukko $_SERVER, osa näistä taulukoista sen sijaan täytetään php-sivun toiminnoilla, kuten $_GET. Niimpä sivustolla tulee käyttää ehtolausetta viimeksimainittujen tietojen tarkistukseen. Taulukon avaimen olemassaolo tarkistetaan *isset* funktiolla.

Esimerkki 5.1: Tarkisteaan $_GET muuttuja

```php
<?php;
if(isset($_GET['page']) && $_GET['page'] == 2){
  // siirrytään sivulle 2
}?>
```

5.2 $_POST ja $_GET muuttujat

Sessionia yleisemmin käytettyjä ja lähes kaikessa tarpeellsia ovat $_POST ja $_GET -muuttujat. $_POST -muuttuja vastaanottaa lomakkeelta tulevan tiedon, kun lomakkeen method-arvo on "post".

Esimerkki 5.2: Tarkistetaan lomakkeen nimi-kenttä.

```php
<?php
if(isset($_POST['nimi'])){
echo "Nimi on: ".$_POST['nimi'];}?>
```

Tässä on huomionarvoista, että vaikka käytetään lainausmerkkejä merkkijonossa, koska globaalinen muuttuja on *array*, se täytyy erottaa merkkijonosta pisteellä ja tulostaa lainausmerkkien ulkopuolella. *$_GET* -muuttujan voi myös asettaa lomakkeen *method*-arvoksi. Tällöin lomakkeen kentän nimi ja syötetty tieto tulostuu myös selaimen osoiteriville. *$_GET* -muuttujan yleisempi käyttötarkoitus liittyy alasivun tulostamiseen.

Esimerkki 5.3: Siirrytään alasivulle.

```
<a href="index.php?sivu=vieraskirja>Vieraskirja</a>
<?php
if(isset($_GET['sivu']) && $_GET['sivu']=='vieraskirja')
{
    // tulostetaan vieraskirja
}?>
```

5.3 $_SERVER ja $_FILES muuttujat

Ympäristömuuttujien avulla voidaan tulostaa evästeen ja sessionin nimi, saada selville tietoa käyttäjästä, mm. ip-osoite, host, käytetty selain ja kävijän edellinen sivu.

Esimerkki 5.4: Tulostetaan kävijän ip-osoite.

```
<?php
    echo $_SERVER['REMOTE_ADDR'];
?>
```

Esimerkki 5.5: Tarkistetaan, onko tiedostoa tmp-hakemistossa

```
<?php
if($_FILES['file']['tmp_name']){
    // Tässä siirretään ladattu tiedosto esim. images-
hakemistoon
}?>
```

Taulukko 4: Joitakin paljon käytettyjä golabaalisia muuttujia.

Muuttuja	Toiminto
$_GET	Ottaa vastaan osoiteriviltä ja Get-lomakkeelta tulleet tiedot
$_POST	Ottaa vastaan Post-lomakkeelta tulleet tiedot
$_FILES	Näyttää palvelimelle ladattujen tiedostojen tiedot
$_COOKIE	Näyttää evästeen sisällön.
$_SESSION	Luo määrätyn nimisen sessionin eli istunnon

Taulukko 5: Joitakin $_SERVER taulukon tietoja

Avain	Toiminto
HTTP_REFERER	Ilmoittaa sivun, jolla olevasta linkistä on siirrytty
REMOTE_ADDR	Näyttää kävijän ip-osoitteen
REMOTE_HOST	Näyttää kävijän internetpalveluntarjoajan
HTTP_USER_AGENT	Näyttää kävijän selaimen
DOCUMENT_ROOT	Näyttää kotipolun palvelimen juurihakemistoon
SCRIPT_FILENAME	Näyttää tiedoston polun, jossa ajettu skripti sijaitsee
QUERY_STRING	Tulostaan url-osoitteen ? merkin jälkeinen teksti

Ympäristöuuttuja $_FILES siirtää tiedoston palvelimen väliaikaiseen tmp-kansioon. Tiedoston siirtämistä käsitellään yksityiskohtaisemmin seuraavassa luvussa.

Esimerkki 5.6: Tulostetaan osoiterivin QUERY_STRING

```
<?php
// Osoiterivin teksti: http://domain.net/test.php?
sivu=2&id=3
    echo $_SERVER['QUERY_STRING'];
    // tulostaa: sivu=2&id=3
?>
```

Taulukon *$_FILES* toimintoa käsitellään jonkin verran seuraavan luvun yhteydessä ja myös kuvien käsittelyn yhteydessä luvussa 14 ja *$_COOKIE* ja *$_SESSION* muuttujia käsitellään 7. luvussa.

6. Html-lomakkeet ja php

6.1 Form elementti

Otetaampa tähän ensin perustietoja html-lomakkeen rakenteesta, vaikka ne ei suoranaisesti liitty php-kieleen. Lomake aloitetaan html:n form-elementillä. Seuraavassa taulukossa listataan sen attribuutit.

Taulukko 6: Form-elementin attribuutit.

Atribuutti	Toiminto
action	Lomakkeen lähetysosoite
method	Lomakkeen lähetystapa
id	Lomakkeen nimi (uniikki)
enctype	Lomakkeen tyyppi
class	CSS tyylin nimi

Esimerkki 6.1: Lomakkeen aloitus- ja lopetusrivit

```
<form id="lomake" action="ohjelma.php" method="post">
</form>
```

Attribuuttia *enctype* tarvitaan varsinkin silloin, mikäli on tarvetta siirtää tiedostoja kotikoneelta palvelimelle. Lomakkeelle eri tiedot tulostetaan esim. *input*-elementillä. Niistä taulukossa 8.

6.2 Input elementti

Input elementin type attribuutilla määritellään, mitä lomakkeella halutaan saada aikaan. Yleisin *input*-kentän tyyppi on *text*, jolloin siihen voi syöttää tekstiä. Alla taulukossa 8 listataan eri tyypit *input*-elementille.

Taulukko 7: Input-elementin attribuutit.

Atribuutti	Toiminto
type	Kentän tyyppi
maxlengt	Tekstin maksimipituus
size	Kentän pituus
value	Kentän sisältö
onchange	Käynnistää javascript-ohjelman

Taulukko 8: Type attribuutin ominaisuudet.

Tyyppi	Toiminto
text	Tekstin kirjoituskenttä
password	Piilottaa kenttään kirjoitetun tekstin
hidden	Piilottaa kentän ja sen tiedot
checkbox	Tekee valintaruudun
radio	Tekee valintanapin
submit	Lomakkeen lähetyspainike
reset	Tyhjentää lomakkeen
image	Näyttää lähetyspainikkeen kuvana
file	Selaa kotikoneen tiedostoja ladattavaksi

Esimerkki 6.2: Pieni tekstin läheyslomake.

```
<form action="ohjelma.php" method="post">
<input type="text" name="etunimi" value="" size="10"
class="etunimi"><br>
<input type="text" name="sukunimi" value="" size="15"
class="sukunimi"><br>
<input type="reset" value="Tyhjennä">
<input type="submit" name="laheta_lomake"
value="Lähetä">
</form>
```

6.3 Textarea ja Select

Html-lomakkeessa käytetään usein myös *textarea* ja

select elementtejä. *Select* on alasvetovalikko, jossa vaihtoehdot listataan option -elementillä. Otetaan näistä lyhyet esimerkit.

Esimerkki 6.3: Textarea ja Select-alasvetovalikko

```
Valitse mieleisesi automerkki:<br>
<select name="valinta1">
<option value="ford">Ford</option>
<option value="toyota">Toyota</option>
<option value="mercedes">Mercedes</option>
</select><br>
Lisää kommentti:<br>
<textarea name="viestiloota" cols="40" rows="5">
</textarea>
```

6.4 Taulukon tietojen avaaminen html-lomakkeelle

Lähdetään nyt tarkastelemaan html-taulukon ja php:n välisiä yhteistoimintoja. Tarkastellaan ensin, miten tiedostossa olevasta taulukosta voi tietyn rivin tiedot avata html-lomakkeelle. Apuna käytetään tässä tapauksessa tiedoston lukemista taulukkoon arrayksi *file*- funktiolla ja sen jälkeen etsitään määrätty rivi ja asetetaan se taulukoksi *explode*-funktiolla.

Esimerkki 6.4: Avataan tiedosto lomakkeelle

```
<?php
$rivi=12; // Rivinumero php:n "laskutavan" mukaan
$tiedosto="file.txt";
$fp=file($tiedosto);
$taulukko=explode("|",$fp[$rivi]);?>
<form action="ohjelma.php" method="post">
<input type="text" name="etunimi" value="<?php echo
$taulukko[0];?>" size="10" class="etunimi"><br>
<input type="text" name="sukunimi" value="<?php echo
$taulukko[1];?>" size="15" class="sukunimi"><br>
<input type="reset" value="Tyhjennä">
<input type="submit" name="laheta" value="Lähetä">
</form>
```

Kun tiedot ovat taulukossa, php aloittaa aina laskemisen numerosta 0. Niimpä yllä olevassa esimerkissä etunimi on taulukon solussa 1 ja sukunimi solussa 2. Ne tulostetaan lomakkeen vastaaviin value-attribuutteihin. Solujen erotinmerkkinä on | -pystyviiva. Tässä esimerkissä on jälleen hyvä huomata, miten merkkijono katkaistaan muuttujan tulostamiseksi käytettäessä hipsuja.

6.5. Tiedoston lähettäminen palvelimelle

Php-ohjelman ansiosta on mahdollista tehdä sivuille toimiva lomake, jolla sivuilla kävijät voivat lisätä omia tiedostojaan palvelimelle. Yleisimpiä tällaisia lisättäviä tiedostoja ovat kuvien lisääminen, mutta monella sivulla on myös mahdollisia toiminto, jossa tiettyyn ryhmään kuuluvat voivat lisätä uutis-dokumentteja ja muuta tekstitietoa ja word-asiakirjoja. Tarkastellaampa ensin tähän tarvittavaa lomaketta.

Esimerkki 6.5: Tiedoston lähetyslomake

```
<form action="ohjelma.php" method="post"
enctype="multipart/form-data">
Etunimi: <input type="text" name="etunimi" value=""
size="10" class="etunimi"><br>
Sukunimi: <input type="text" name="sukunimi" value=""
size="15" class="sukunimi"><br>
Lisää tiedosto: <input type="file" name="file"
value="Lataa"><br>
<input type="reset" value="Tyhjennä">
<input type="submit" name="laheta_lomake"
value="Lähetä">
</form>
```

6.6 Tietojen vastaanottaminen html-lomakkeelta

Kun lomakkeelta otetaan tietoja vastaan, käytetään ympäristömuuttujia *$_POST* ja *$_GET* lomakkeen tyypistä riippuen. Ennen syötettyjen tietojen käsittelyä tulee tarkistaa, onko kaikki halutut tekstikentät täytetty. Tarkistukseen voi lisätä myös sen, onko syötetty tieto täsmäävä esim. käyttäjätunnuksen ja salasanan kanssa tai onko kirjoitettu merkkijono riittävän pitkä.

Esimerkki 6.6: Tarkistetaan, onko kentät täytetty.

```php
<?php
if ($_POST["laheta_lomake"]){
$tarkistan = array(etunimi=>$_POST["etunimi"],
sukunimi=>$_POST["sukunimi"]);
foreach ($tarkistan as $sisalto){
  if(empty($sisalto)){
     exit("Täytä kaikki kentät, kiitos!");
  }
}
// Käsitellään ja tallennetaan lomakkken tiedot
$uusi_rivi=$_POST["etunimi"]."|".$_POST["sukunimi"]."|";
$fw=fopen("nimet/nimet.txt","a");
fwrite($fw,$uusi_rivi."\r\n");
fclose($fw);
}?>
```

Esimerkki 6.7: Tiedoston tallentaminen palvelimelle.

```php
<?php
if(file_exists($_FILES['file']['tmp_name'])){
   move_uploaded_file($_FILES['file']['tmp_name'],
'images/'.$_FILES['file']['name']);
}?>
```

Skriptin selvitystä: Tarkistetaan ensin *if*-luseella, että tiedosto on tallentunut palvelimen väliaikaiseen hakemistoon ja sen tmp-hakemistossa oleva nimi tulostuu arrayssa arvossa *$_FILES["file"] ["tmp_name"]*. Sen jälkeen siirretään se sieltä *move_uploaded_file* funktiolla images-hakemistoon ja annetaan kuvalle sen alkuperäinen nimi, joka on arrayn arvossa 'name'. Skriptiin kannattaa myös lisätä kuvan maksimi koon tarkistus. Tästä seuraava esimerkki. Tämä tarkistus lisätään sen jälkeen, kun on todettu, että tallennus *$_FILES["file"]["tmp_name"]* -hakemistoon on onnistunut.

Esimerkki 6.8: Tarkistetaan tiedoston koko.

```php
<?php
$maksimi=300000; // makisimikoko on 300 000 tavua
if($_FILES["file"]["size"] > $maksimi){
  exit("Liian suuri tiedosto");
}
?>
```

7. Evästeet ja Istunnot

7.1 Asetetaan eväste

Evästeen eli "keksin" asettamiseen tarvitaan ainoastaan funktioita setcookie ja time.

Esimerkki 7.1: Asetetaan eväste vuorokaudeksi

```php
<?php
if(isset($_POST['nimi'])){
  $nimi=$_POST['nimi'];
    if(!isset($_COOKIE['rekisteroitynyt'])){
      setcookie('rekisteroitynyt',$nimi, time()+86400);
      header("Location:index.php");
    }
}
// Evästeen tulostaminen
if(isset($_COOKIE['rekisteroitynyt'])){
  echo $_COOKIE['rekisteroitynyt'];
}?>
```

Hiukan selvennystä. Tarkistetaan ensin lomakkeelta saapunut käyttäjän nimi ja sitten tarkistetaan, löytyykö evästettä. Sen jälkeen eväste luodaan funktiolla *setcookie* ja sen sisältö määräytyy muuttujassa "nimi". Funktio time ottaa ylös nykyhetken ja siihen lisätään sekunteja 86400 eli yhden vuorokauden verran.

7.2 Poistetaan eväste

Tämä toimii päinvastoin kuin edellinen esimerkki, sillä tässä nykyhetkestä vähennetään 86400 sekuntia. Lisäksi istunto lopetetaan funktiolla *session_unset*. Sekä evästeen asettamisen ja sen lopettamisen jälkeen kävijä voi olla hyödyllistä uudelleen ohjata toiselle sivulle *header* - funktiolla, varsinkin jos on kyseessä sivu, jonka sisältö ei avaudu ilman evästettä.

Esimerkki 7.2: Evästeen poistaminen.

```php
<?php
if($_GET['kirjaudu_ulos']){
  if(isset($_COOKIE['rekisteroitynyt'])){
    $poistetaan=$_COOKIE['rekisteroitynyt'];
    setcookie('rekisteroitynyt',$poistetaan, time()-
86400);
    session_unset();
    header("Location:index.php");
  }
}?>
```

7.3 Header-funktion käyttö

Yllä olevissa esimerkeissä on lopuksi käytetty funktiota header sivun päivittämiseksi. Header-funktio ohjaa selaimen toimintoja, joten sitä voi käyttää moniin selainta ohjaaviin toimiin.

Esimerkki 7.3: Sivun uudelleenohjaus.

```php
<?php header("Location: sivu.php"); ?>
```

Esimerkki 7.4: Välimuistin tyhjennys

```php
<?php header("Pragma:no-cache"); ?>
```

Header-fuktion avulla voidaan selaimelle näyttää myös muita kuin normaaleja tiedostomuotoja ilman, että sivua pyydetään lataamaan tiettyyn ohjelmaan. Sivun sisällön tyyppiä muutetaan *Content-type* määritteellä. Sen nimen voi piilottaa näkyvistä käyttämällä *Content-Disposition* argumenttia. Tästä seuraavalla sivulla esimerkissä. Seuraavissa esimerkeissä tulostetaan ensin suoraan pdf-tiedosto selaimella. Sitten toisessa esimerkissä avataan sama pdf-tiedosto *PDF Reader* ohjelmalla *liite.pdf* nimisenä. Näiden avulla tiedostojen todellinen sijainti ja nimi palvelimella pysyy piilossa.

Esimerkki 7.5: Näytetään tiedosto testi.pdf selaimessa

```php
<?php
  // Asetetaan selaimelle tiedoston tyypiksi PDF
  header('Content-type: application/pdf');
  // Näytetään tiedosto opas.pdf
  readfile('files/testi.pdf');
?>
```

Esimerkki 7.6: Avataan pdf tiedosto nimellä liite.pdf

```php
<?php
  // Asetetaan selaimelle tiedoston tyypiksi PDF
  header('Content-type: application/pdf');
  // Nimetään tiedostoksi liite.pdf
  header('Content-Disposition: attachment;
filename="liite.pdf"');
  // Näytettävä tiedosto opas.pdf
  readfile('files/opas.pdf');
?>
```

Samaa toimintoa voi soveltaa myös kuviin. Tällöin sen *Content-Type* on esim. images/jpeg (jpg ja jpeg-kuvat). Jos käytetään ylläolevan kaltaista liite.jpg toimintoa, selain avaa kuvan kotitietokoneen tmp-hakemistossa ja selaimen osoite on esim. jotakin *file:///C:/windows/temp/liite.jpg*.

Ilman, että *header*-funktio ohjataan *Content-Disposition* toiminnolle, kuva näytetään sen php-tiedoston nimisenä, jossa skripti sijaitsee.

Esimerkki 7.7: Tulostetaan kuva php-tiedostona

```php
<?php
// Tiedoston tyyppi jpeg-kuva
  header('Content-type: image/jpeg');
  readfile('images/3.jpg');
?>
```

Esimerkki 7.8: Näytetään kuva ilman kuvapolkua

```php
<?php
$fileDir = $_SERVER['DOCUMENT_ROOT']."/img/taustat";

$fileName = "silver.jpg";
$fileString = $fileDir.'/'.$fileName;

// Varmistetaan tiedoston olemassaolo
if(!file_exists($fileString)){
    die("<p>Virhe: tiedostoa ei ole.");
} else {
  header("Cache-Control: ");
  header("Pragma: ");
  header("Content-type: images/jpeg");
  header("Content-Disposition: attachment; filename="".
$fileName.""");
  header("Content-length:".(string)
(filesize($fileString)));
} ?>
```

7.4 Sessionin käyttö

Ympäristömuuttuja $_SESSION luo istunnon yksinkertaisemmin, istunnon tietoja ei tallenneta selaimeen, kuten evästeessä, vaan palvelimelle.

Esimerkki 7.9: Luodaan istunto

```php
<?php
if(isset($_POST['nimi'])){
  $_SESSION['nimi'] = $_POST['nimi'];
}?>
```

Esimerkki 7.10: Istunnon poistaminen.

```php
<?php
if(isset($_GET['kirjaudu_ulos'])){
  if(isset($_SESSION['nimi'])){
    session_unset();
    header("Location:index.php");
  }
}?>
```

8. Merkkijonojen käsittely

Merkkijonojen käsittelyyn liittyy php:ssä -ohjelman moninaisuudesta riippuen- useita välttämättömiä toimintoja, jotka parantavat ohjelman suoritusta. Merkkijonoa voi muuttaa ja välillä sitä on tarpeen "puhdistaa" ylimääräisestä "roskasta", jota ei haluta mukaan tai joka estää ohjelman täyden toimivuuden. Ennen merkkijonon tallennusta sitä on syytä muokata.

8.1 Lomakkeelta tulevien tekstien muuttaminen

Otetaampa aluksi lainausmerkkien käsittely. Kun lomakkeelta tallennetaan lainausmerkkejä ja hipsuja, ohjelma voi lisätä automaattisesti ns. kenoviivan niiden eteen, php palvelimen asetuksista riippuen. Kenoviivan poisto hoituu funktiolla *stripslashes*.

Esimerkki 8.1: Poistetaan kenoviivat lainausmerkkien edestä.

```
<?php
$mj=stripslashes($_POST["viesti"]);
$fw=fopen("tekstit/viestit.txt","a");
fwrite($fw,$mj."\r\n");
fclose($fw);
?>
```

Kun kirjoitetaan viestejä, on hyvä estää sivulla kävijää lisäämästä viesliin html-elementtejä ja näin muuttaa sivun ulkoasua. Tähän käytetään funktiota *htmlspecialchars* tai vaihtoehtoisesti funktiota *htmlentities*. Nämä muuttaa html-koodit tulostumaan samanlaisena kuin editorissa. Vaihtoehtoisesti voit estää niiden tallentumisen kokonaan funktiolla *strip_tags*.

Esimerkki 8.2: Html-tagien muuttaminen ja poistaminen.

```
<?php
$viesti=htmlspecialchars($_POST['viesti']);// muutetaan
tekstiä
$nimi=strip_tags($_POST['nimi']);// poistetaan html-
tagit
?>
```

On myös hyödyllistä estää kirjoittamasta ylipitkiä rivejä ilman rivinvaihtoa. Riviin voi pakottaa rivinvaihdon funktiolla *wordwrap*.

Esimerkki 8.3: Pakotetaan rivin pituus 60 merkkiin.

```
<?php
   $viesti=wordwrap($_POST["viesti"],60,"\r\n",16);
?>
```

Yllä oleva tekee rivinvaihdon. Tämä on toimiva, jos kukin viesti kirjoitetaan omaan tiedostoonsa. Jos viestit on tarkoitus tallentaa tiedostoon yhdelle riville, rivinvaihdon *\r\n* muuttaminen pelkästään *wordwrap* funktiolla ei ole toimiva, sillä siinä *\r\n* rivinvaihto sekoittaisi eri viestit keskenään. Rivinvaihtoon voi pakottaa kahdella tavalla, välilyönnillä ja *br* tagilla.

Esimerkki 8.4: Pakotetaan rivinvaihtoon

```
<?php
   // br-tagilla
   $viesti=wordwrap($_POST["viesti"],60,"<br>",16);
   // tai välilyönillä
   $viesti=wordwrap($_POST["viesti"],60," ",16);
?>
```

Kun lomakkeen viesti on tarkoitus tallentaa yhdelle riville, siitä täytyy poistaa kaikki rivinvaihdot, jotta tiedot eivät tallennu tiedostoon monelle riville. (Tietokantaan tallennettaessa näitä ongelmia ei ole) Tämä hoituu funktiolla *str_replace*.

Esimerkki 8.5: Muutetaan kaikki rivinvaihdot.

```
<?php
   $viesti=str_replace("\r\n","<br/>",$_POST["viesti"]);
?>
```

Joskus tallennettavan tiedon täytyy olla niin "puhdasta", että sitä täytyy trimmata ennen tallennusta. Funktio *trim* poistaa merkkijonon molemmista päistä tyhjät merkit. Tämä soveltuu hyvin mm. tunnusten ja salasanojen tallentamiseen. Sen sijaan *rtrim* funktio poistaa tyhjät merkkijonon oikealta puolen. Tämä voi olla tarpeen kun esim. tallennetaan teksti yhdelle riville. Merkkijonon vasemmalta puolen tyhjät saa pois funktiolla *ltrim*.

Esimerkki 8.6: Poistetaan tyhjät merkit oikealta

```
<?php
$viesti=rtrim($_POST['viesti']);
$nimi=rtrim($_POST['nimi']);
?>
```

Joskus kuitenkin tiedostoon pääsee livahtamaan tyhjiä merkkejä kohtaan, jossa niitä ei tarvita, varsinkin jos tiedosto kirjoitetaan käsin jollakin windowsissa olevalla editorilla. Toisissa tilanteissa esim. tiedostotaulukkoon voi haluta varta vasten tallentaa tyhjiä merkkejä, kun on tarkoituksena tulostaa tiedoston sisältö käyttäen *pre* -elementtejä. Kun on tarvetta verrata tiedoston solussa olevaa merkkijonon täsmäävyyttä johonkin, tyhjät voi poistaa vasta silloin, kun tiedostoa luetaan.

8.2 Tiedostossa olevien merkkijonojen käsittely

Kenties useimmiten tiedoston sisältöjä käsitellään taulukkona eli arrayna file-funktion avulla, mutta tiedoston siältöä voi käsitellä myös merkkijonona.
Jo aikaisemmin mainittu funktio *file_get_contens*

poimii tiedoston sisällön merkkijonoksi. Toinen funktio, joka tekee saman, mutta hiukan eri tavoin, on *ob_get_contents*. Myös jotakin tiedoston osaa voi olla tarve käsitellä merkkijonona sen jälkeen, kun tiedosto on "siepattu" taulukkoon. Tässä käsittelen kuitenkin eräitä yksinkertaisempia tiedostoihin liittyviä perussasioita sekä hiukan säännöllisiä lausekkeita.

---

1. Jos olet vasta aloittamassa php:n opiskelua, niin todennäköisesti olet tottunut tallentamaan html-tiedostoon kaiken ulkoasuun liittyvän. Mutta kun käytät php:tä, niin on muistettava, että omissa hml-tiedostoissa, jotka liität osaksi ohjelmaa require tai *include*-funktiolla, ei käytetä normaaleja html-tiedoston alkutageja, *meta*-tietoja eikä edes *body*-tageja. Koska kyseinen tiedosto tulee osaksi pääsivua, voit muotoilla sen ulkoasua esim. sen pääsivun *meta*-tiedoissa *css*-tyylejä käyttäen.

2. Voit html-tiedoston sijasta käyttää pelkästään tekstitiedostoa. Voit siihen kirjoittaa (tallentaa php:lla) pelkkää tekstiä ilman *html*-tageja. Varsinaisen sivun muotoilun voit tehdä pääsivulla.

3. Jos esim. vieraskirjassa on tarvetta tehdä erikoismuotoiluja kirjoitettuun tekstiin, kaikki ne voidaan tehdä siinä yhteydessä, kun tekstejä tulostetaan pääsivulla. Apuna käytetään esim. funktioita *str_replace* tai *preg_replace*. Tällöin muutettava teksti "eristetään" lisäämällä tiedostoon sen ympärille esimerkiksi hakasulkeissa olevat tagit.

Esimerkki 8.7: Lihavoidaan teksti tulostettaessa.

```
<?php
  $viesti="Lihavoidaanko? <strong>Tämä teksti</strong> on
lihavoitu";
  $viesti=str_replace("<strong>","<b>",$viesti);
  $viesti==str_replace("</strong>","</b>",$viesti);
  echo $viesti;
?>
```

Funktiolla *strlen* voidaan merkkijonon tavumäärä lukea ja näin ollen sitä voidaan myös haluttaessa lyhentää.

Esimerkki 8.8: Luetaan tiedostosta 70 tavua.

```php
<?php
$fw=file_get_contents("file.txt");
$maxim=70;
$tavut=strlen($fw);
if($tavut > $max){
  $min=$maxim;
} else {
  $min=$tavut;
}
  $string = "";
  for($i=0;$i<$min;$i++) {
    $string .= $fw[$i] . "...";
}
  echo $string;
?>
```

Tähän voi käyttää kuitenkin helpommin funktiota *substr*, josta tulee lisää kohdassa 8.4. Varsinaiseen tiedoston lukemiseen tarkoitettuja funktioita ovat *fgets* ja *fgetss*. Näitä tarkasteltiin jo tiedostonkäsittelyssä.

8.3 Tiedon etsiminen merkkijonosta

Merkkijonosta voi etsiä tietoja esim. funktiolla *strpos* ja myös funktiolla *substr_count*.

Esimerkki 8.9: Tehdään haku merkkijonoon.

```php
<?php
$string='käytiin patikkaretkellä ja syötiin välillä
eväät';
$p="syö";
if(is_string($string)){
    $search=strpos($string,$p);
    if($search){
        echo $string;
    }
}?>
```

61

Esimerkki 8.10: Haku tiedosta *substr_count* funktiolla

```php
<?php
$tiedosto=file("jutut.txt");
$etsitaan="Matti";
for ($i=0;$i<count($tiedosto);$i++){
  if (substr_count($tiedosto[$i],$etsitaan)<>0){
    print $tiedosto[$i]<br>";
  }
}?>
```

8.4 Muutetaan merkkijonoa

Merkkijonosta voidaan tulostaa vain tietty osa tai lisätä siihen merkkejä. Siihen voidaan käyttää monia funktioita, esim. *substr, strstr, stristr* ja *str_repeat*. Näistä *str_repeat* lisää valittuja merkkejä merkki-jonoon määrätyn verran.

Esimerkki 8.11: Tulostetaan merkkijonon alusta 16 merkkiä

```php
<?php
$luku = 16;
$data = 'djhfoldafg9d7yfr3nhlrfkhasdfgd';
$lyhennys = substr($data,0,$luku);
echo 'teksti :'.$lyhennys;
?>
```

Esimerkki 8.12: Tulostetaan merkkijonon lopusta 16 merkkiä.

```php
<?php
 $luku = 16;
 $data = 'djhfoldafg9d7yfr3nhlrfkhasdfgd';
 $cnt = strlen($data);
 $null = $cnt-$luku;
 $lyhennys = substr($data,$null,$luku);
 echo 'teksti :'.$lyhennys;
?>
```

Tässä ensin lasketaan *strlen*-funktiolla merkkijonon pituus ja sitten vähennetään siitä tulostettava tavu-määrä. Näin saadaan *substr*-funktiolle nolla kohta, josta merkkejä aletaan tulostaa.

Funktiolla *stristr* voidaan merkkijono katkaista valitusta kohtaa.

Esimerkki 8.13: Tulostetaan sähköpostiosoitteen domain.

```php
<?php
  $mj="matti.meikalainen@meikalaiset.fi";
  $domain = stristr($mj, '@');
  echo $domain;
?>
```

Funktio *stristr* ei ole kirjasinkoosta riippuvainen. Niimpä se katkaisee tekstin, vaikka kirjasinkoko olisi erilainen.

Esimerkki 8.14: Katkaistaan teksti

```php
<?php
  $a = "Minun kotisivuni on http://www.minun_sivu.net";
  $b=stristr($a, "HTTP");
  print $b;
?>
```

On myös hyödyllistä pystyä muutamaan tulostettavaa kirjaisintyyliä joko isoiksi tai pieniksi tarpeen mukaan. Tähän php:ssa on omat funktionsa.

Esimerkki 8.15: Muutetaan ensimmäinen kirjain isoksi

```php
<?php
  $data = 'hello world!';
  $data = ucfirst($data);
  echo $data."<p>";
  // Toimii samoin vaikka kirjasinkoko olisi iso
  $teksti = 'MITÄ KUULUU?';
  $teksti = ucfirst(strtolower($teksti));
  echo $teksti;
?>
```

63

Esimerkki 8.16: Muutetaan kaikki kirjaimet isoksi tai pieneksi

```php
<?php
 $str = "Matti Meikäläinen";
 $str = strtoupper($str);
 echo $str.'<br/>';
 $teksti="Matti Elli Ritva Senja Jouko Petri";
 $str2=strtolower($teksti);
 echo $str2;
?>
```

Esimerkki 8.17: Muutetaan sanojen alkukirjaimet isoiksi

```php
<?php
 $foo = 'matti meikäläinen!';
 $foo = ucwords($foo);
 echo $foo."<br/>";
 // Tämäkään ei ole kirjainkoosta riippuvainen
 $bar = 'MATTI MEIKÄLÄINEN!';
 $bar = ucwords(strtolower($bar));
 echo $bar;
?>
```

Merkkijonon voi muuttaa myös arrayksi eli taulukoksi valitun erotinmerkin kohdalta.

Esimerkki 8.21: Luodaan merkkijonosta array.

```php
<?php
$mj='Tässä on jokin merkkijono';
$mj=str_replace(' ','*|*',$mj);
$array=explode('*|*',$mj);
?>
```

Tässä välilyönnit muutetaan ensin erotinmerkiksi *|* ja sen jälkeen tehdään array *explode*-funktiolla.

Esimerkki 8.22: Muutetaan merkkijonon sisältöä.

```php
$string = '1234';
echo chunk_split($string, 2, ':');
```

Esimerkki 8.23: Paloitellaan merkkijono arrayhyn

```php
<?php
$text = str_split("Matias");

echo "<pre>";
print_r($text);
echo "</prE>";

/* Tulostaa:
Array
(
    [0] => M
    [1] => a
    [2] => t
    [3] => i
    [4] => a
    [5] => s
) */
?>
```

8.5 Merkkijonon salaus

Yleensä on tarpeen salata salasanat. Perehdytään ensin siihen. Kenties jopa tärkeintä on tässä on *.htacess*-suojaus. Tiedoille voi luoda salauksen *crypt*-funktiolla.

Esimerkki 8.24: Luodaan *.htacess*-salasana.

```php
<?php print "jaska:".crypt("jokunen"); ?>
```

Tässä luotiin sekä tunnus että salasana. Voit kopioida tulostuvan tekstin suoraan tiedostoon *.htpasswd*. Esimerkiksi joillakin sivustoilla, kuten verkkokaupoissa, joissa on rekisteröityminen, käytetään usein *md5*-salausta. Tällöin määrätynlaiselle merkkijonolle tulee aina sama salattu merkkijono, joten salasanaa voidaan tutkia php:n vastaavuus operaattorilla. Lisäksi voidaan käyttää *mcrypt*-funktioita.

Esimerkki 8.25: Tehdään salaus mcrypt-funktioilla.

```php
<?php
   $key = "Tämä on salausavain";
   $str = "Salattava_teskti";

   $ivk = mcrypt_get_iv_size(MCRYPT_BLOWFISH,
MCRYPT_MODE_CBC);
   $iv = substr(str_repeat(md5($key, 1), 1 + $ivk / 16),
0, $ivk);

   $password = mcrypt_encrypt(MCRYPT_BLOWFISH, $key,
$str, "cbc", $iv);

   // puretaan salaus oikealla avaimella
   $string = mcrypt_decrypt(MCRYPT_BLOWFISH, $key,
$password, "cbc", $iv);
?>
```

Salasana voidaan tallentaa tiedostoon, jossa tunnuksia säilytetään, esim. *kayttajat.txt* ja sitä voidaan sieltä tutkia seuraavan esimerkin mukaisesti.

Esimerkki 8.26: Luodaan md5-salasana.

```php
<?php
   $salasana="password";
   $md5=md5($salasana);

   echo $md5;
?>
```

Esimerkki 8.27: Tarkistetaan tunnus ja salasana.

```php
<?php
   if($tb[0]==$username && $tb[1]==$salasana){

      // OK Suoritetaan seuraava ohjelma

   }
?>
```

Taulukko 9: Muutamia tärkeitä merkkijono-funktioita

Funktio	Toiminto
addslashes	Lisää kenoviivat merkkijonoon
stripslashes	Poistaa kenoviivat merkkijonosta
strpos	Tekee haun merkkijonosta
strlen	Laskee merkkijonon pituuden
chunk_split	Muuttaa merkkijonoa
crypt	Salaa merkkijonon
md5	Salaa merkkijonon
echo	Tulostaa merkkijonon
explode	Tekee merkkijonosta arrayn
htmlspecialchars	Muttaa merkkijonon html-elementit
str_replace	Muuttaa merkkijonosta halutut merkit
html_entity_encode	Muuttaa merkkijonon html-tagit
html_entity_decode	Palauttaa muutetut html-tagit
trim	Poistaa tyhjät merkit merkkijonon päistä
rtrim	Poistaa tyhjät merkit oikealta puolelta
ltrim	Poistaa tyhjät merkit vasemmalta puolelta
implode	Muuttaa arrayn merkkijonoksi
ucfirst	Muuttaa ensimmäisen kirjaimen isoksi
wodwrap	Pakottaa rivinvaihtoon

Merkkijonoja käsitellään ja tutkitaan myös paljon php:n säännönmukaisilla lausekkeilla, joista käytetään englannin kielestä tulevaa lyhennettä *RegExp*. Aiheen laajuuden vuoksi omistetaan sille seuraava luku.

Tämän lisäksi php sisältää *mb_string* eli *Multibyte String* funktioita, joilla voi käsitellä hiukan monimutkaisempia merkkijonoja.

9. Säännönmukaiset lausekkeet

9.1 Preg_replace

Edellisessä luvussa jo tarkasteltiin merkkijonon muokkaamista str_replace funktiolla. Tässä tulee hiukan monimuotisempi muokkaus.

Esimerkki 9.1: Tehdään linkki tekstiin url-tageista

```php
<?php
 $viesti="Tässä yksi linkki:
[url=https://www.google.fi/]Google[/url]";
 $pattern = "/\[url=(.*?)\](.*?)\[\/url\]/i";
 $replace = "<a href=\"$1\">$2</a>";
 $viesti = preg_replace( $pattern, $replace , $viesti );
 echo $viesti;
?>
```

Kuten ylläolevasta havaitaan, siihen kuuluu monia erikois- ja metamerkkejä. Käsitellään näitä hiukan lähemmin. Koska merkkijono on hyvin monimutkainen, skriptiä on hyvä selkeyttää luomalla ylläolevaan tapaan tietoa *$pattern* ja *$replace* muuttujiin.

9.2 Erikois- ja metamerkit

Esimerkki 9.2: Edellisen esimerkin RegExp lause

```
"/\[url=(.*?)\](.*?)\[\/url\]/i"
```

Luetellaampa ensin merkkien merkitystä ja katsotaan, mitä niistä opimme. Seuraavalla sivulla olevassa taulukossa ei ole kaikki säännömukaisiin lausekkeisiin liittyvät merkit eikä loppumääritteet, mutta siinä on kuitenkin yleisimmin käytetyt.

Säännöllinen lauseke aloitetaan ja lopetetaan kauttaviivalla '/'. Koska merkkiä [käytetään myös erikoismerkkinä, jota etsitään merkkijonosta, sitä

edeltää kenoviiva (se poistaa merkin erikoismerki-
tyksen).

Taulukko 10: Säännöllisten lausekkeiden erikois- ja
metamerkit.

Merkki	Toiminto
[	Avaa merkin määrityksen
]	Sulkee merkin määrityksen
.	Mikä tahansa merkki paitsi välilyönti ja rivinvaihto
*	Esiintyy 0 kertaa tai useammin
^	Liittää haun sanan, rivin tai lauseen alkuun
$	Liittää haun sanan, rivin tai lauseen loppuun
|	Lisää vaihtoehtoisen haun
\	Kenoviivaa käytetään sen normaalin tehtävän lisäksi osana metamerkkejä
+	Yksi tai enemmän
-	Ilmaisee haulle aakkosellisen tai numeerisen toimintasäteen
?	Seuraava ehto toteutuu
{	Avaa merkin mimimi / maksimimäärän
}	Sulkee merkin mimimi / maksimimäärän
(	Avaa ryhmämäärityksen
)	Sulkee ryhmämäärityksen
\b	Sanan raja (huom. *ks. kohta* \ )
\B	Sanan keskellä
\d	Kaikki numerot
\D	Merkkijono ei sisällä numeroita
\n	Uusi rivi
\r	Rivinvaihto
\s	Kaikki tyhjät merkit
\S	Merkki, joka ei ole tyhjä
\w	Kaikki "sanan" merkit eli kirjaimet ja numerot
\W	Edellisen vastakohta
\t	Sarkain

Sitä seuraa merkkijonon alkuosa(url=), sitten suluissa määritellään merkkiryhmä, joka seuraa = merkkiä. Piste ilmaisee, että siinä saa olla mikä tahansa normaali merkki. Tähti tarkoittaa, että minkään merkin esiintymiskertoja ei ole rajattu. Ja kysymysmerkki vahvistaa, että nämä ehdot totetuvat ja siirtää eteenpäin.

Kenoviiva on jälleen erikoismerkin] edessä, koska sitä etsitään merkkijonosta. Samat säännöt soveltuvat lopputagiin, jossa myös merkin / eteen täytyy lisätä kenoviiva. Niiden välillä on merkkijonon ehdot määritelty kaarisuluilla.

Lauseen lopussa on i -merkki, joka sallii sekä pienet että isot kirjaimet. Tosin se tässä esimerkissä ei ole välttämätön, sen tarkoituksena on havainnollistaa sen ja muiden lopetusmerkkien käyttöä. Jos kaarisuluissa olisi pisteen sijasta merkki \w, se rajoittaisi merkit pelkkiin kirjaimiin ja numeroihin, se ei toimisi urlosoitetta tutkittaessa. Jos merkkijono saa sisältää vain kirjaimia ja numeroita, ehdot etsitään näin:

Esimerkki 9.3:

```
$pattern = "/\[url=(\w*?)\](.*?)\[\/url\]/i";
```

Tässä erona on siis kaarisulkeissa oleva linkin urlosoitteen tarkistus muodossa (w*?).

Taulukko 11: Haun loppuun tulevat määritteet

Merkki	Toiminto
i	Haku ei ole kirjainkoosta riippuvainen
m	Haku ei ole riveistä riippuvainen
s	Haussa erikoismerkki piste (.) hyväksyy kaikki merkit
x	Jättää huomiotta välilyönnit ja rivinvaihdot
D	Muuttaa $ -merkin lopettamaan haun lauseen loppuun

9.3 Merkkijonon tutkiminen preg_match-funktiolla

Funktiolla *preg_match* voidaan etsiä jostakin merkkijonosta täsmäävyyttä. Seuraavissa esimerkeissä hyödynnetään tätä lomakkeelta lähetettyjen tietojen tarkistukseen.

Esimerkki 9.4: Haku saa sisältää vain kirjaimia ja numeroita.

```php
<?php
$tunnus="tyPhj677rr";
$preg=preg_match("/^w{3,}/", $tunnus);
if($preg){
  echo $tunnus;
}
else{
  echo "Tunnus saa sisältää vain kirjaimia a-z ja siinä täytyy olla
vähintään 3 merkkiä";
  return;
}?>
```

Lisäksi merkeillä {3,} rajataan tunnuksen pituudeksi vähintään 3 merkkiä. Sähköposti osoitteen oikeinkirjoituksen voi tarkistaa sillä, löytyykö siitä @-merkkiä.

Esimerkki 9.5: Tarkistetaan sähköpostiosoite.

```php
<?php
$mj="pekka.pekkala@pekkala.fi";
$pattern = "/^(w{3,}W{1}w{3,}W{1}w{2,})$/i";
$pattern2 = "/^(w{3,}W{1}w{3,}W{1}w{3,}W{1}w{2
,})$/i";
$preg = preg_match($pattern,$mj);
$preg2=preg_match($pattern2,$mj);
if($preg OR $preg2){
  echo "OK";
}else{
  echo "No ei";
}?>
```

Yllä oleva skripti tulostaa OK. Hiukan selvennystä: Skriptissä tarkistetaan kaksi sähköpostiosoitteen muotoa:

- Sähköposti muotoa nimi@osoite.net, muuttuja $preg
- Sähköposti muotoa joku.nimi@posti.net, muuttuja $preg2

Sähköposti haun erittely:

- \w{3,} $mj muuttujan merkkijono, jossa ei ole @ merkkiä tai pistettä. Vähimmäispituus kolme merkkiä.
- \w{2}, Sähköpostiosoitteen lopetustunnus, vähimmäipituus kaksi maerkkiä (esim. fi).
- \W{1} $mj muuttujan @-merkki tai piste. Esiintyy ainoastaan yhden kerran (merkkiyhdistemä ?@ ei kelpaa).

Oletetaampa, että merkkijonon rakenne on seuraavanlainen:

- Merkkijono alkaa yhdellä välilyönnillä
- Sitä seuraa yksi numeraalinen merkki.
- Seuraavaksi on useita välilyöntejä (3).
- Lopuksi on kaksi numeraalista merkkiä.

Sännöllisessä lauseessa merkkijonoon tehdään haku näiden ehtojen mukaisesti:

Esimerkki 9.6:

```
$pattern = "/^(\s{1}\d{1}\s{3}\d{2})$/";
```

Eritelläämpä tuota hakua seuraavaksi yksinkertaisessa taulukossa. Siinä olevat hakuehdot merkityksineen ovat seuraavat:

Merkki	Toiminto
^	Aloittaa haun merkkijonon alusta
\s	Hyväksytään tyhjä merkki alussa
{1}	Tyhjiä merkkejä on yksi
\d	Sitä seuraa numero/numeroita
{1}	Myös numeroita on yksi
\s	Jälleen tyhjiä merkkejä
{3}	Tällä kertaa niitä on kolme
\d	Jälleen numeroita
{2}	Niitä on nyt kaksi
$	Lopettaa haun merkkijonon loppuun

Esimerkki 9.7: Etsitään sanan keskeltä.

```
<?php
$mj="matkailuautot talopaketti";
$preg=preg_match("/BautoB/",$mj); // osuma merkkijonoon
$preg2=preg_match("/BtaloB/",$mj); // Tyhjä haku!
?>
```

Huomioitavaa: kun merkkijonoa etsitään sanan kes-keltä, niin tulee muistaa, että merkkejä, jotka eivät ole aakkosnumeriisia, kuten @, ei lasketa osaksi sa-naa.

Esimerkki 9.8: Etsitään sanan alusta.

```
<?php
$mj="matkailuautot talo pakettiautot";
$preg=preg_match("/\bpaketti\B/",$mj);
?>
```

Esimerkki 9.9: Etsitään sanan lopusta.

```
<?php
$mj="matkailuautot talo pakettiautot";
$preg=preg_match("/\Bautot\b/",$mj);
?>
```

Esimerkki 9.10: Etsitään määrättyä sanaa.

```php
<?php
$mj="matkailuautot talo pakettiautot";
$preg=preg_match("/\btalo\b/",$mj);
?>
```

Esimerkki 9.11: Merkkijonossa sallitaan pelkkiä kirjaimia.

```php
<?php
$tunnus="tyhjBrr";
$preg=preg_match("/^[a-zåäöA-ZÅÄÖ]+$/", $tunnus);
echo $preg;
?>
```

Näissä edellisen sivun esimerkeissä on huomionarvoista, että nämä antaa tulokseksi joko *true* tai *false*. If-ehtolauseella voi sitten jatkaa ohjelmaa haluttuun suuntaan, jos etsitty haku toteutuu, eli muuttujan *$preg* arvo on suurempi kuin 0.

9.4 Taulukon tutkiminen preg_grep-funktiolla

Funktiolla *preg_grep* voidaan etsiä arrayssa olevasta merkkijonosta täsmäävyyttä. Erona funktioon preg_match on myös se, että tämä tulostaa myös merkkijonot, jotka täsmäävät hakuun.

Esimerkki 9.12: Merkkijono saa sisältää vain kirjaimia.

```php
<?php
$array=array("ty2hjBrr",
"abcdeflopm",
"ää4kloö",
"vbmäöuyt",
"gtrrrrtcx",
"we#78klpm");
 $preg = preg_grep("/^[a-zåäöA-ZÅÄÖ]+$/", $array);
echo "<pre>";
   print_r($preg);
echo "</pre>";
?>
```

Yllä haun tulos näytetään *print_r* funktiolla, jossa nähdään arrayn ulkoasu. Haku voidaan myös tehdä valittuun tiedostoon, jolloin tulostetaan rivi, josta etsitty merkkijono löytyi. Seuraavassa esimerkissä etsitään riviä tiedostosta *styles.css*

Esimerkki 9.13: Tehdään sanahaku tiedostoon.

```php
<?php
$d=file("styles.css");
 $preg = preg_grep("/\bcolor\b/", $d);
 $c=count($d);
 echo "<pre>";
   print_r($preg);
 echo "</pre>";
?>
```

Jotta hakua voit hyödyntää, tarvitset vielä lisätoimintoja tämän arrayn tulostamiseksi. Ohjeita tähän tulee seuraavassa luvussa.

10. Arrayn rakenne ja toiminta

10.1 Rakenne

Array luodaan funktiolla *array*. Luotaessa siihen voidaan asettaa arvot ja avaimet,mutta se voidaan jättää myös tyhjäksi ja tiedot voidaan lisätä siihen myöhemmin. *Arrayn arvo*: Arrayssa olevista tiedoista käytetään nimitystä arvo. Alla esimerkin arrayssa arvoina on autojen nimet. *Arrayn avain:* Esimerkissä avaimia ei ole nimetty.

Esimerkki 10.1: Lyhyt perusarray kahdella tavalla

```php
<?php
$autot = array("Volvo","Renault","Ford","Mazda","Nissan");
$autot2 = array( 0=>"Volvo",1=>"Renault",2=>"Ford",
              3=>"Mazda",4=>"Nissan"); // sama kuin yllä
?>
```

Esimerkki 10.2: Nimetään arrayn avaimet

```php
<?php
$auto = array("merkki"=>"Volvo","valmistusmaa"=>"Ruotsi",
        "omistaja"=>"Matti Meikäläinen","kotimaa"=>"Suomi");
?>
```

Arrayhin voidaan laittaa monta arrayta sisäkkäin. Lisätään edelliseen esimerkkiin lisä-arrayt.

Esimerkki 10.3: Rakennetaan sisäkkäinen array

```php
<?php
$auto= array("merkki"=> array("Volvo", "Fiat", "Mercedes",
"Toyota"),
          "valmistusmaa"=> array("Ruotsi", "Italia", "Saksa",
"Japani"));
?>
```

Arrayta voi laittaa ja usein on tarvetta laittaakin sisäkkäin, kunhan pysyy jotenkin "kärryillä" niiden rakenteesta. Mutta otetaan tähän vielä yksi erilainen array-tyyppi.

Esimerkki 10.4: Esimerkkien 10.1 ja 10.2 arrayn välimuoto

```php
<?php
$lajit = array ("Kalat"=>"Lohi","Hauki","Silakka","Muikku",
           "Linnut"=>"Pääskynen","Tilhi","Varpunen","Kurki",
           "Nisakkaat"=>"Norsu","Koira","Hevonen","Orava");
?>
```

Tässä nämä useammat arvot muodostuvat automaattiseksi omaksi arrayksi, ilman *array*-funktiotakin. Sen ulkoasu on kuitenkin hiukan poikkeava, kuten seuraavasta esimerkistä voidaan havaita.

Esimerkki 10.5: Edellisen arrayn ulkoasu

```
Array
(
    [Kalat] => Lohi
    [0] => Hauki
    [1] => Silakka
    [2] => Muikku
    [Linnut] => Pääskynen
    [3] => Tilhi
    [4] => Varpunen
    [5] => Kurki
    [Nisakkaat] => Norsu
    [6] => Koira
    [7] => Hevonen
    [8] => Orava
)
```

Esimerkki 10.6: Tarkistetaan onko kyseessä array

```php
if(is_array($array){ $c = count($array); }
```

10.2 Tulostaminen

Array voidaan tulostaa hyvin monella tavalla. Perusarrayn tulostamisesta saatiin jo esimerkki 3. luvussa, kun tarkastelttiin *for* -ja *while*-silmukkkaa.
Otetaampa tähän ensin avuksi funktio *print_r*. Sillä it-

sessään ei voida tulostaa arrayn arvoja suoraan. Sen sijaan se näyttää arrayn ulkoasun, joka puolestaan helpottaa määrittämään sen, miten kyseinen array tulisi tulostaa.

Esimerkki 10.7: Näytetään ylläolevan esimerkki-arrayn ulkoasu.

```php
<?php
$auto = array("merkki"=>
array("Volvo","Fiat","Mercedes","Toyota"),
"valmistusmaa"=>array("Ruotsi","Italia","Saksa","Japani"));
echo "<pre>";
print_r($auto);
echo "</pre>";
/* Tämä tulostaa:
Array(
[merkki] => Array(
                [0] => Volvo
                [1] => Fiat
                [2] => Mercedes
                [3] => Toyota
          )
[valmistusmaa] => Array(
                [0] => Ruotsi
                [1] => Italia
                [2] => Saksa
                [3] => Japani
          )
) */
?>
```

Eikö *print_r* funktio selkeytäkin huomattavasti, jotta saa parhaan selvyyden arrayn ulkoasusta? Nyt siitä on pajon helpompi alkaa miettimään tulostusta. Array, jonka avaimet on nimetty, tulostetaan hiukan eri tavoin kuin perusarray. Koska sen avaimien nimet ei ole php:n järjestyksen mukaisia (esim. 0 - 5), avuksi tarvitaan funktiota array_keys, jolla saadaan selville avainten nimet.

Esimerkki 10.8: Tulostetaan esimerkin 10.2 array.

```php
<?php
$auto = array("merkki"=>"Volvo", "valmistusmaa"=>"Ruotsi",
        "omistaja"=>"Matti Meikäläinen","kotimaa"=>"Suomi");

    $arr=array_keys($auto);
    $r=count($auto);

    for($i=0;$i<=$r;$i++){
        echo ucwords($arr[$i]) .': '. $auto[$arr[$i]]."<br>";
    }
?>
```

Esimerkki 10.9: Tulostetaan esimerkin 10.2 array
foreach silmukalla

```php
<?php
$auto = array("merkki"=>"Volvo", "valmistusmaa"=>"Ruotsi",
        "omistaja"=>"Matti Meikäläinen","kotimaa"=>"Suomi");

    foreach($auto as $key=>$tieto){
        echo ucwords($key) .': '. $tieto."<br>";
    }
?>
```

Yllä havaitaan, että *foreach* silmukalla tulostaminen on huomattavasti selkeämpää tämäntapaisissa yksinkertaisissa taulukoissa.

Samoin, jos arrayn arvojen nimet ovat esim. 1, 3, 4, 7, se tulee tulostaa joko samoin kuin ylläoleva esimerkki tai ottamalla selville suurin avaimen numero ja laskemalla *for*-silmukkaan yhtä monta tulostusarvoa. Katsotaampa, miten tämä jälkimmäinen hoituu.

Sisäkkäisten arrayiden tulostaminen hoituu jälleen eri tavalla. Funktiolistalla oli esimerkki siitä, miten se voidaan tulostaa suoraan ilman *for-* tai *while*-silmukkaa. Useimmmissa tapauksissa, kun arrayssa on enemmän arvoja, se on kuitenkin turhan työlästä. Niimpä avuksi tulee funktio *count*, jota käytetään *for*-silmukan yhteydessä otettaessa selville arrayn arvojen lukumäärä muuttujaan.

Esimerkki 10.10: Tulostetaan esimerkin 10.3 array html-taulukkoon.

```
<?php $auto = array("merkki"=> array("Volvo", "Fiat",
"Mercedes", "Toyota"),
        "valmistusmaa"=> array("Ruotsi", "Italia", "Saksa",
"Japani"));
$array1 = $auto['merkki'];
$array2 = $auto['valmistusmaa'];?>
<table border>
<thead><tr><th>Merkki</th><th>Valmistusmaa</th></tr></t
head>
<?php for($i=0; $i< count($array1);$i++){?>
    <tr><td><?php echo $array1[$i];?></td>
    <td><?php echo $array2[$i];?></td></tr>
    <?php } ?>
</table>
```

Tässä esimerkissä oli yksinkertaistettu hakua siten, että palotellaan array kahdeksi, niin ei tarvitse haku-skriptissä käyttää avainten nimiä. Tällainen edellyttää, että arrayt ovat keskenään sopivassa suhteessa. Sivulla *77* olevan esimerkin *10.4* array voidaan tulostaa samantapaisesti, sillä erolla että siinä voidaan käyttää yksinkertaista *foreach*-silmukkaa ja siinä tulostetaan ainoastaan yhden arrayn tiedot.

Entä jos sinulle tulee ongelma, että et tiedä sisäk-käisen arrayn avainten nimiä? Tällöin joudut jälleen turvautumaan funktioon *array_keys.* Joudut tekemään apu-arrayn, johon tallennat avainten nimet.

Vaikka ns. eri arrayiden välimuoto näyttääkin si-säkkäiseltä arraylta, se kuitenkin vastaa perusarrayta, jonka avaimet on nimetty. Niimpä se tulostetaan sa-malla tavoin.

Esimerkki 10.11: Tulostetaan luvun 9 esimerkki 9.12

```
<?php
$array=array("ty2hjBrr","abcdeflopm","ää4kloö","vbmäöuyt",
"gtrrrrtcx","we#78klpm");
$preg = preg_grep("/^[a-zåäöA-ZÅÄÖ]+$/", $array);
while(list($key,$val) = each($preg)){
    echo $key = $val . "<br>";
}?>
```

Esimerkki 10.12: Tulostetaan array, jossa on monta
tietoa yhden avaimen takana ja lihavoidaan avaimet

```php
<?php
$lajit = array ("Kalat"=>"Lohi","Hauki","Silakka","Muikku",
          "Linnut"=>"Pääskynen","Tilhi","Varpunen","Kurki",
          "Nisakkaat"=>"Norsu","Koira","Hevonen","Orava");
  $keys=array_keys($lajit);
  $arvot=count($keys)-1;


  for($i=0;$i<=$arvot;$i++){
    if($i==0 OR $i==4 OR $i==8){
    echo "<b>".$keys[$i].":</b><br>".$lajit[$keys[$i]]."<br>";
    }
    else{
       echo $lajit[$keys[$i]]."<br>";
    }
  }
?>
```

10.3 Arrayn tietojen järjestäminen

Arrayn tiedot ovat siinä järjestyksessä kuin ne on
sinne lisätty. Tuolostettaessa ne on mahdollista jär-
jestää joko aika- tai aakkosjärjestykseen.
Yksinkertaisimpia tapoja arrayn järjestämiseen on
arrayn arvojen kääntäminen takaperin. Arrayn arvojen
kääntämiseen käytetään funktiota *array_reverse*. Sen
sijaan tavallisen perusarrayn järjestäminen yksinker-
taiseen akkosjärjestykseen onnistuu funktiolla *sort*,
mutta eteen tulee pian tilanteita, jossa tarvitaan te-
hokkaampaa funktiota, jotta aikaansaatu aakkosjär-
jestys tyydyttää.

Esimerkki 10.13: Tulostetaan file-arrayssa tiedoston
rivit alimmasta (uusimmasta) rivistä alkaen.

```php
<?php
$tiedosto=file("viestit.txt");
array_reverse($tiedosto);
 for($i=0;$i<count($tiedosto);++){
   echo $tidosto[$i]."<br/>";
 }?>
```

Esimerkki 10.14: Perusarrayn järjestäminen
aakkosjärjestykseen.

```php
<?php
$nimet = array("Teuvo", "Boris","Otto", "Charlie","Yrjö", "Anton");
 sort($nimet);
 $i=0;
 while ($nimet[$i]){
  echo $nimet[$i]."<br>";
  $i++;
 }?>
```

Arrayt voidaan järjestää aakkosjärjestykseen myös
takaperin.

Esimerkki 10.15: Perusarrayn järjestäminen
aakkosjärjestykseen takaperin

```php
<?php
$nimet = array("Teuvo", "Boris", "Otto", "Charlie", "Yrjö",
"Anton");
 rsort($nimet);
 $i=0;
 while ($nimet[$i]){
  echo $nimet[$i]."<br>";
  $i++;
 }?>
```

Käytännössä ylläoleva hoituisi myös käyttämällä
ensin funktiota *sort* ja sitten *array_reverse*.

Funktiolla asort saadaan aakkosjärjestykseen array,
jossa on tehty useampia tietoja yhden avaimen taak-
se. Siitä seuraava esimerkki. Tulostukseen käytetään
apuna *while* ja *each*-funktioita.

Esimerkki 10.16: Järjestetään array, jossa on arvot on
paloiteltu osiin

```php
<?php
$lajit = array ("Kalat"=>"Lohi","Hauki","Silakka","Muikku",
          "Linnut"=>"Pääskynen","Tilhi","Varpunen","Kurki",
          "Nisakkaat"=>"Norsu","Koira","Hevonen","Orava");
   asort($lajit);
   while (list($key, $val) = each($lajit)) {
    echo "$val<br>";
   }?>
```

Funktiot *sort* ja *asort* listaavat kirjaimet ja muut merkit aakkosjärjestykseen niiden *chr*-numeron mukaan. Niimpä ne eivät ota huomioon kirjasinkokoa. Samoin numeroista 22 ja 122 viimeksi mainittu tulostuu ensin, koska se alkaa ykkösellä ja toinen taas kakkosella. Funktiolla natcasesort saadaan aakkosjärjestykseen array, jossa on monen kokoisia kirjaimia ja numerosarjoja.

Esimerkki 10.17: Järjestetään array, jossa on erikokoisia alkukirjaimia.

```php
<?php
$array2 = array('veikko', 'Esko', 'Tuula', 'riitta',
            'merja', 'Volmari');
  natcasesort($array2);

  echo "<pre>";
    print_r($array2);
  echo "</pre>";
?>
```

Mikäli arrayssa kaikki kirjaimet ovat samankokoisia, mutta siinä esiintyy myös numerosarjoja, kannattaa käyttää funktiota *natsort*. Se lajittelee kirjaimet samalla tavoin, kuin *sort* ja *asort*, mutta järjestää numerot numerojärjestykseen.

Esimerkki 10.18: Järjestetään array, jossa on kirjaimia ja numeroita.

```php
<?php
$array2 = array("img12.png", "img10.png", "img2.png",
    "img1.png");

    natsort($array2);
    print_r($array2);
?>
```

Mikäli haluat järjestää aakkosjärjestykseen arrayn avainten nimien mukaan, siinä auttaa funktio *ksort*.

Esimerkki 10.19: Järjestetään array avaimet akkosjärjestykseen.

```
<?php
$hedelmat = array("d"=>"lemon", "a"=>"orange",
          "b"=>"banana", "c"=>"apple");
  ksort($hedelmat);
  while (list($key, $val) = each($hedelmat)) {
    echo "$key = $val<br>";
  }
?>
```

Voit tehdä saman päinvastaisessa järjestyksessä funktiolla *krsort.* Se tulostaa arrayn avaimet käännetyssä aakkosjärjestyksessä.

Esimerkki 10.20: Järjestetään array aakkosten lopusta alkuun.

```
<?php
$fruits = array("d"=>"lemon", "a"=>"orange",
          "b"=>"banana", f"=>"apple");
  krsort($fruits);
  while (list($key, $val) = each($fruits)) {
    echo "$key = $val<br>";
  }
?>
```

Taulukko 12: Lista arrayn järjestely-funktioista

Funktio	Toiminto
sort	Järjestää aakkosjärjestykseen merkin chr-numeron(ASCII) mukaan.
rsort	Sama kuin sort, mutta järjestää aakkoset takaperin
asort	Järjestää arrayn, jossa on monta tietoa yhdessä avaimessa
natcasesort	Järjestää aakkos- ja numerojärjestykseen
natsort	Järjestää numerot numerojärjestykseen, mutta kirjaimet samoin kuin sort
ksort	Järjestää aakkosjärjestykseen avaimen nimen mukaan
krsort	Järjestää aakkosjärjestykseen avaimen nimen mukaan takaperin

Monessakin suuremmassa ohjelmassa voi olla tarvetta yhdistää kahden eri arrayn tiedot. Tämä onnistuu funktiolla *array_merge*.

Esimerkki 10.21: Yhdistetään kaksi arrayta ja lasketaan niiden summat.

```php
<?php
$array1 = array(56 , 34,18 , 74);
$array2 = array(33, 91, 28, 38, 48, 57);
$result = array_merge($array1, $array2);
foreach($result as $summat) $summa+=$summat;
echo $summa
?>
```

Arrayn numeraalisia arvoja voi laskea yhteen funktiolla *array_sum*. Tästä lähemmin matematiikkaa käsittelevässä luvussa.

10.4 Arrayn muokkaaminen

Arrayn sisältöä voi muokata hyvin monella tavalla. Otetaan tähän muutama esimerkki arrayn muokkaamiseen tarkoitetuista funktiosta. Tähän liittyviä funktioita ovat mm. *array_diff*, *array_pad*, *array_pop*, *array_push*, *array_shift*, *array_splice* ja *array_walk*. Otetaan aluksi tarkasteluun funktiot, jotka poistavat tai lisäävät arvoja arrayhin.

Esimerkki 10.22: Poistetaan määrätty arvo

```php
<?php
$array1 = array("a" =>"vihreä","ruskea","keltainen","valkoinen",
            "punainen", "sininen", "punainen");
$array2 = array("b" => "vihrea", "keltainen", "sininen");
$array1 = array_diff($array1, $array2);
   echo "<pre>";
   print_r($array1);
   echo "</pre>";
?>
```

Tämä poistaa kaikki arvot, joiden sisältö on sama kuin arrayssa *array2* on määritelty.

Esimerkki 10.23: Nostetaan arrayn arvojen määrä kymmeneen

```
<?php
$tama=array("yksi","yksi");
$tama=array_pad($tama,10,"arvo");

echo "<pre>";
  print_r($tama);
echo "</pre>";
?>
```

Edellisessä esimerkissä arrayhyn tulee lisää arvoja sen verran, että arvojen yhteismäärä on 10. Kussakin uudessa arvossa lukee "arvo". Seuraavissa esimerkeissä poistetaan arvo arrayn alusta ja lopusta.

Esimerkki 10.24: Poistetaan arrayn ensimmäinen arvo

```
<?php
$lista =array("Eino",
          "Merja",
          "Seppo",
          "Iiris");
  $nimet =array_shift($lista);
  echo "<pre>";
    print_r($lista);
  echo "</pre>"
?>
```

Esimerkki 10.25: Poistetaan arrayn viimeinen arvo

```
<?php
$stack = array("Eino", "Merja", "Seppo", "Iiris");
$nimet = array_pop($stack);
echo "<pre>";
print_r($stack);
echo "</pre>";
?>
```

Arrayn ensimmäinen arvo poistetaan siis funktiolla *array_shift*, kun taas arrayn viimeisen arvon poistoon käytetään funktiota *array_pop*. Arrayhyn voi lisätä uusia arvoja *array_push* ja *array_splice*-funktioilla.

Esimerkki 10.26: Lisätään arrayhyn uusi arvo

```php
<?php
$stack = array("Omena","Banaani");
  array_push($stack, "Appelsiini","Päärynä");
  echo "<pre>";
  print_r($stack);
  echo "</pre>";
?>
```

Kun on kyseessä moniulotteinen array, tieto lisätään arrayhin hiukan eri tavalla. Tällöin täytyy nimetä avain, jonka takana muokattava array sijaitsee. Tutustumme siihen seuraavaksi.

Esimerkki 10.27: Arvon lisääminen moniulotteiseen arrayhyn

```php
<?php
$taulu = array("tuote"=>array("auto"),
          "malli"=>array("toyota"),
          "hinta"=>array("35290") );
  // uudet tuotteet
  array_push($taulu[tuote], "traktori");
  array_push($taulu[malli], "Ford");
  array_push($taulu[hinta], "10250");
  echo "<pre>";
  print_r ($taulu);
  echo "</pre>";
?>
```

Funktiolla *array_splice* voi lisätä arvon keskelle arrayta tai korvata arrayn keskellä olevan arvon tiedot.

Esimerkki 10.28: Lisätään uusi arvo arvon 2 jälkeen

```php
<?php
$qu = array("yksi", "kaksi", "kolme", "neljä");
$key = 2;
$value = 'uusi arvo';
  array_splice($qu, $key, 0, $value);
  echo '<pre>';
  print_r($qu);
  echo '</pre>'; ?>
```

Esimerkki 10.29: Korvataan arrayn kolmas arvo

```php
<?php
 $qu = array("yksi", "kaksi", "kolme", "neljä");
 $key = 2; // muokattava arvo
 $value = 'entinen kolme';
 array_splice($qu, $key, 1, $value);

 echo '<pre>';
   print_r($qu);
 echo '</pre>';
?>
```

Tässä tarvittiin muuttaa vain *array_splice* komennossa oleva *$key* -muuttujan jälkeinen numero nollasta ykköseksi, niin skripti kirjoittaa silloin kyseisen arvon päälle.

Arvojen poistaminen. Arvon voi poistaa funktiolla *unset* ja *array_splice*. Array_splice funktiolla voi poistaa useamman arvon kerralla.

Esimerkki 10.30: Poistetaan yksi arvo arraysta

```php
<?php $array=array("yksi","kaksi","kolme","neljä","viisi","kuusi");
array_splice($array,1,2,$array[1]);
?>
```

Hiukan selvennystä. *Array_splice* ottaa ensin argumentikseen arrayn arvon, jota muokataan. Kyseinen arvo käsitellään funktion array_splice 0-arvona. Seuraava lukema on 2, eli kolmas arvo tästä lukien, jossa lukee "neljä". Näin tämä arvo asetetaan 0-arvon jälkeiseksi arvoksi ja arvo 1 ("kolme") putoaa välistä pois. Jotta skripti toimisi, täytyy muokattavaan nolla-arvoon päällekirjoittaa sen sisältämä tieto. Tällä systeemillä voi poistaa monia arvoja.

Esimerkki 12.31: Poistetaan välistä kolme arvoa

```php
<?php
$array=array("yksi","kaksi","kolme","neljä","viisi","kuusi");
 array_splice($array,1,4,$array[1]);
?>
```

Funktiota *array_splice* voidaan käyttää monella tavalla listaamaan vain tiettyjä arrayn arvoja. Seuraavassa esimerkkejä.

Esimerkki 10.32: Tulostetaan arrayn alusta kaksi arvoa

```php
<?php
$taulukko = array("red", "green", "blue", "yellow");
$alku=array_splice($taulukko, 2);
?>
```

Esimerkki 10.33: Tulostetaan arrayn alusta ja lopusta

```php
<?php
$table = array("red", "green", "blue", "yellow");
 array_splice($table, 1, count($table), "orange");
?>
```

Esimerkki 10.34: Korvataan toinen tulostuvista arraysta

```php
<?php
$input = array("red", "green", "blue", "yellow");
 array_splice($input, 1, -1);
?>
```

Esimerkki 10.35: Lisätään toisen arrayn arvot arvon 2 jälkeen

```php
<?php
$input = array("yksi", "kaksi", "kuusi", "seitsemän");
$plus=array("kolme", "neljä","viisi");
 array_splice($input, 2, 0,$plus);
?>
```

Joskus tulee tarvetta muokata pelkästään arrayn jotakin arvoa siten, että arvoon pelkästään lisätään tietoa säilyttäen siten siinä oleva aikaisempi tieto. Tällainen tilanne tulee varsinkin silloin, kun aarrayn arvo sisältää itsessän taulukko-tyyppisen sisällön.

Esimerkki 10.36: Lisätään arrayn arvoon lisää tietoa

```php
<?php
$luvut=array("a&b&c&d","1&2&3&4");
$luvut[1]=explode("&",$luvut[1]);
array_push($luvut[1],"5");
$luvut[1]=implode("&",$luvut[1]);
echo "<pre>";
print_r($luvut);
echo "</pre>";?>
```

Melkein samankaltaisella systeemillä voi vastaavan-kaltaisesta arraysta poistaa arvon sisällöstä osan, lisätä arvon keskelle lisää tietoa tai tulostaa vain osan arvon sisällöstä samaan tapaan kuin on tehty aiem-missa esimerkeissä. Sen sijaan, jos ei tarvitse erotella arrayn arvoa taulukoksi, arrayn perään voi laittaa helposti lisää tietoa.

Esimerkki 10.37: Lisätään arrayn arvon perään lisää tietoa

```php
<?php
$taulu=array("Eka arvo","Toinen arvo","Kolmas arvo");
$taulu[1]=$taulu[1]." on tässä";
echo "<pre>";
print_r($taulu);
echo "</pre>";
?>
```

Funktio *array_walk* toimii hiukan eri tavalla. Se tarvitsee avukseen lisäfunktioita. Otetaan esimerkki.

Esimerkki 10.38: Lisätään numerot arrayn arvojen eteen

```php
<?php
function enumerate( &$item1, $key, &$startNum ) {
  $item1 = $startNum++ ." $item1";
}
  $numero = 1;
  $hedelmat = array( "sitruuna", "appelsiini", "bananaani",
"omena");
  array_walk($hedelmat, 'enumerate', &$numero );?>
```

Tässä käytetään apuna tätä varten suunniteltua *enumerate*-funktiota. Sen koodi löytyy php.netin sivulta.

Esimerkki 10.39: Palotellaan array

```php
<?php
$a = array('a', 'b', 'c', 'd', 'e');
$b = array_chunk($a, 2);

echo "<pre>";
print_r($b);
echo "</prE>";
?>
```

Tässä funktion *array_chunk* toinen argumentti määrittelee, miten pieniin paloihin $a – array paloitellaan.

Esimerkki 10.40: Järjestetään array

```php
<?php
$a = array(3 => 11, 1 => 22, 2 => 33);
$a[0] = 44;

echo "<pre>";
print_r( array_values( $a ));
echo "</pre>";
?>
```

Esimerkki 10.41: Näytetään arrayn uniikit arvot

```php
<?php
$input = array(4, "4", "3", 4, 3, "3");
$result = array_unique($input);
print_r($result);
?>
```

Esimerkki 10.42: Tarkistetaanko löytyykö arraysta

```php
if(!in_array($arr, "Matt")) {
  array_push($arr,"Matt");
}
```

Esimerkki 10.43: Poimitaan valittu sarake

```
$records = array(
    array(
        'id' => 2135,
        'first_name' => 'John',
        'last_name' => 'Doe',
    ),
    array(
        'id' => 5623,
        'first_name' => 'Peter',
        'last_name' => 'Smith',
    )
);

$first_names = array_column($records, 'first_name');
print_r($first_names);
```

10.5 Arraysta etsiminen

Arraysta voi etsiä tietoa monellakin tavalla. Array-funktioihin kuulvuva *array_search* on tarkoitettu etsimään juuri tietyn sisältöistä arrayn arvoa.

Esimerkki 10.44: Etsitään arrayn arvot

```
$linnut =array("Pääskynen", "Tilhi", "Kurki", "Joutsen",
"Västäräkki");
$haku="Kurki";
$key= array_search($haku,$linnut);
if($key==true){
 for($i=0;$i<count($linnut);$i++){
    $row=$key+1; echo "Rivillä ".$row.": ".$linnut[$key];
 }
}else{
    echo "Hakusanalla $haku ei löytynyt tietoa.";
}
```

Arraysta arvoista voidaan etsiä myös jotakin tiettyä merkkiä tai merkkijonoa. Tässä tulee avuksi jo aikaisemmin esitelty merkkijono funktio *strpos*.

Esimerkki 10.45: Etsitään tietty kirjain arraysta

```
$linnut =array("Pääskynen", "Tilhi", "Kurki", "Joutsen",
"Västäräkki");
 $haku="i";
for($i=0;$i<count($linnut);$i++){
  $etsi=strpos($linnut[$i], $haku);
  if($etsi){
    echo $linnut[$i]."<br>";
  }
}
```

Esimerkki 10.46: Etsitään arrayn avainta

```
if(array_key_exists($array,"nimi") echo $array["nimi"];
```

Esimerkki 10.47: Poimitaan arraysta muutama arvo

```
$input = array("a", "b", "c", "d", "e");

$output = array_slice($input, 2);      // returns "c", "d", and "e"
$output = array_slice($input, -2, 1);  // returns "d"
$output = array_slice($input, 0, 3);   // returns "a", "b", and "c"

echo "<pre>";
print_r($input);
print_r(array_slice($input, 2, -1));
print_r(array_slice($input, 2, -1, true));
echo "</pre>";
```

Kun tätä esimerkkiä testataan, havaitaan, että kun käytetään lopussa argumenttia *'true'*, se ottaa alkuperäiset arrayn avainten nimet, mutta ilman sitä se nollaa arrayn avaimet.

Esimerkki 10.48: Poimitaan satunnainen arvi

```
$input = array("Neo",
               "Morpheus",
               "Trinity",
               "Cypher",
               "Tank");
$rand_keys = array_rand($input, 2);
echo $input[$rand_keys[0]] . "\n";
echo $input[$rand_keys[1]] . "\n";
```

Taulukko 13. Arrayn muokkaukseen liittyviä funktioita

Funktio	Toiminto
array_diff	Poistaa määrätyn sisältöiset arvot
array_slice	Ottaa arraysta palasen
array_push	Lisää uuden arvon arrayn perään
array_pop	Poistaa arrayn viimeisen arvon
array_shift	Poistaa arrayn ensimmäisen arvon
array_splice	Lisää, muokkaa tai poistaa määrätyn verran arvoja halutusta kohtaa arrayta
array_walk	Lisää tietoa arrayn arvon eteen

10.6 Array multisort

Jotkut taulukot ovat hyvin suuria, joissa on useita eri kerroksia ja erilaisia rakenteita. Tällaisen arrayn voi järjestää ja tulostaa *array_multisort* funktion avulla. Otetaan kuitenkin aluksi yksinkertaisempi array.

Esimerkki 10.49: Järjestetään aakkosjärjestykseen

```
<?php
$array = array('kiuruvesi', 'uurainen', 'Tampere', 'Askola');
$array_lowercase = array_map('strtolower', $array);

array_multisort($array_lowercase, SORT_ASC, SORT_STRING,
$array);
print_r($array);
?>
```

Tässä tehtiin sama asia, mikä hoituu helposti *nat-casesort*-funktiolla. Tässä on arrayssa nimiä pienillä ja isoilla kirjaimilla. Tavallinen *sort*-funktio järjestäisi sen eri tavalla, koska se järjestää kirjaimet sen mukaan, miten ne ovat *ASC II* merkistössä. Tässä hiukan esiteltiin, miten *array_multisort* toimii.

Arrayssa *$array_lowercase* kaikki arrayssa olevat kirjaimet muuutettiin pieniksi. Kirjaimien koot saadan alkuperäisiksi, kun *array_multisort* viimeisessä argumentissaan kutsuu taulukkoa *$array*.

Taulukko 14. Array_multisort parametrit

Parametri	Toiminto
SORT_ASC	Järjestää pienimmästä suurimpaan
SORT_DESC	Järjestää suurimmasta pienimpää
SORT_REGULAR	Óletus parametri. Vertaile elementtejä normaalisti (Standard ASCII)
SORT_NUMERIC	Vertaa elementtejä numeerisina arvoina
SORT_STRING	Vertaa elementtejä merkkijonona
SORT_LOCALE_STRING	Vertaa elementtejä merkkijonona, joka perustuu nykyiseen alueeseen (aluetta voidaan muuttaa toiminnolla *setlocale()*)
SORT_NATURAL	Vertaa elementtejä merkkijonoina käyttämällä "luonnollista järjestystä" kuten *natsort()*
SORT_FLAG_CASE	Voidaan yhdistää SORT_STRING tai SORT_NATURAL parametrin kanssa, jos haluat lajitella merkkijonoa

Esimerkki 10.50: Järjestetään nimen mukaan

```
$sort = array();
$entry = array(0 => array( 'id' => 369,'name' => "Sam",'year'
=> 1969 ),
        1 => array('id' => 368, 'name' => "Paul",'year' =>
1975),
        2 => array('id' => 367,'name' => "Mary",'year' =>
1977)
    );
    foreach($entry as $entry){
        foreach($entry as $key=>$value){
            if(!isset($sort[$key])){
                $sort[$key] = array();
            }
            $sort[$key][] = $value;
        }
    }
    array_multisort($sort['name'], SORT_ASC, $sort['id'],
$sort['year'], $entry);
```

10.7 Json ja Serialize

Arrayn voi myös muuttaa merkkijonoksi siten, että koko sen rakenne säilyy ennallaan. Tähän käytetään paljon *json*-funktiota. Näiden apuna on lisäksi se, että arrayn tietoja voidaan tulostaa javasacriptillä käyttäen Jquery kirjastoa. Toinen, ehkä vähemmän käytetty on funktio serialize, joka on php skriptejä varten.

Esimerkki 10.51: Json funktioiden käyttö

```
$linnut =array("Pääskynen", "Tilhi", "Kurki", "Joutsen",
"Västäräkki");
$json = json_encode($linnut, true);
// Palautetaan php array
$array = json_decode($json);
```

Esimerkki 10.52: Käytetään *serialize* funktiota

```
$linnut =array("Pääskynen", "Tilhi", "Kurki", "Joutsen",
"Västäräkki");
$string = serialize($linnut,);
$array = unserialize($string); // Palautetaan php array
```

11. Matematiikka funktioiden toiminta

Taulukko 15: Yleisimpiä matemattiikka-operaattoreita.

Operaattori	Merkitys
/	Jakolasku
*	Kertolasku
+	Plus
-	Miinus
%	Prosentti

11.1 Peruslasku-toimitukset

Matamatiikka operattoreita käyttämällä on helppo laskea perustulokset eri tehtävistä. Tuloksia voi pyöristää *round* ja *ceil* funktioilla.

Esimerkki 11.1: Lasketaan neliön pinta-ala

```
<?php
$sivu_m="4.2"; //sivu metreinä
echo "Neliön pinta-ala on ".$sivu_m*$sivu_m." m²";
?>
```

Esimerkki 11.2: Lasketaan suorakulmaisen alueen pinta-ala

```
<?php
$sivu1="32.84"; //sivut metreinä
$sivu2="45.38";
echo "Alueen pinta-ala on ".round($sivu1*$sivu2, 2)." m²";
?>
```

Funktio *round* pyöristää summan viimeisen numeron lähimpään lukuun. Yllä olevassa esimerkissä *round* funktiolle määritellään näytettävien desimaalien määräksi kaksi:

```
round($sivu1*$sivu2, 2)
```

Ilman tätä määritystä se näyttäisi pelkästään tasaluvun. Tuloksen voi pyöristää myös funktioilla *ceil* ja *floor*. Tällöin tulos pyöristetään aina tasalukuun. Ceil pyöristää summan ylöspäin, kun taas floor pyöristää sen alaspäin.

Esimerkki 11.3: Pyöristetään alaspäin

```php
<?php
$data="25.22";
$ce=ceil($data);
echo $ce; // Tulos = 26
?>
```

Prosentti-laskuihin täytyy tehdä hiukan lisää, jotta laskeminen helpottuisi. Tässä nopeuttaa tekemäni oma pikku funktio.

Esimerkki 11.4: Lasketaan, paljonko on 22 prsosenttia 514:sta

```php
<?php
function prosentti($num,$percent){
$tulos = $num/100*$percent;
$tulos = round($tulos,2);
return $tulos;
}
echo prosentti(514,22);
?>
```

Apufunktio *prosentti* laskee ensin, paljonko on 1 psosentti ja kertoo sen pyydetyllä prosenttimäärällä. Mittojen muuttaminen voi vaatia joskus kuitenkin hiukan enemmän pään vaivaa. Minkä kokoiseksi tulisi div-laatikon pituus ja korkeus muuttaa, jos laatikon leveyttä pienennetään 20 % ja korkeutta 10%, kun lähtömitat ovat leveys 600 pikseliä ja korkeus 250 pikseliä?

Tehdään tämä käyttäen apuna apuna edellisen skriptin *prosentti*-funktiota.

Esimerkki 11.5: Pienennetään div-laatikkoa 20 prosenttia

```
<?php
$leveys = 600;
$korkeus = 250;

// pienennys alkaa
 $uusi_leveys=$leveys - round(prosentti($leveys,20),2);
 $uusi_korkeus=$korkeus - round(prosentti($korkeus,10),2);
?>
<div style="width:<?php echo $uusi_leveys;?>px; height:<?php
echo $uusi_korkeus;?>px;
 border:#000 1px solid;padding:5px;">20 % pienempi box</div>
```

Selaimen toiminnolla "Näytä lähdekoodi" voi huomata, että laatikon kooksi ilmoitetaan: *width: 480px; height: 225px*.

11.2 Ympyrän laskeminen

Ympyrän mittojen laskemisessa tarvitaan avuksi php:n funktiota *pi*. Se kertoo piin tarkan arvon, eli halkaisijan suhteen ympyrän kehän pituuteen. Kun se on tiedossa, voikin jo laskea tietoja lähes normaaliin tapaan.

Esimerkki 11.6: Lasketaan kehän pituus

```
<?php
$halkaisija=12; // ympyrän halkaisija 12 cm
echo round(pi()*$halkaisija,3); // kehän pituus 37,699 cm
?>
```

Ympyrän kehän pituuden voi myös laskea globaalilla muuttujalla *M_PI*.

11.3 Foreach ja array_sum

Arrayssa olevia lukuja voi laskea yhteen *array_sum* funktiolla. Lisäksi arraysta ja tiedostossa olevia lukuja laskettaessa apuna voidaan käyttää *foreach*-silmukkaa.

Esimerkki 11.7: Lasketaan arrayssa olevat luvut
yhteen

```
<?php
$array=array("20 eur","10 eur","30 eur");
foreach ($array as $tmp) $summa+=$tmp;
 echo $summa.' euroa'; // tulostaa 60 euroa
?>
```

Tämän hyvä puoli on se, että vaikka arrayn arvoissa
on muutakin tietoa kuin numeroita, ohjelma laskee lu-
vut yhteen. Tiedostosta voi laskea samalla tavalla
muuttamalla tiedoston sisällön ensin arrayksi *explode-*
funktiolla.

Esimerkki 11.8: Lasketaan arrayn numerosarjat
yhteen

```
<?php
$luvut =array(20.10, 45.25, 17.98, 67);
echo "summa = " . array_sum($luvut);
?>
```

Tämä esimerkki osoittaa, että *array_sum* tunnistaa
myös desimaali-luvut ja laskee ne yhteen. Mutta jotta
se onnistuisi, php:ssa pitää desimaali-erotinmerkin
olla kaikissa laskutoimituksissa aina piste.

12. PHP ja kuvankäsittely

12.1 Perusasiat ja kuvan luominen

Jotta PHP:lla voisi saada image-funktiot toimimaan, täytyy *GD*-kirjasto olla asennettuna. Mennään aluksi yksinkertaisen kuvan luomiseen. Se tapahtuu funktioilla *imagecreate* ja *imagecreatetruecolor*.

Esimerkki 12.1: Luodaan yksinkertainen uusi kuva

```php
<?php
// luodaan kuva 200x200px
$img = imagecreate(200, 200);
// kuvan värit
imagecolorallocate($img, 105, 195, 175);
//asetetaan selaimelle tieto
header("Content-type: image/jpeg");
imagejpeg($img);
//vapautetaan muistista
imagedestroy($img);
?>
```

Hiukan skriptin selvennystä: Kun kuva on luotu, asetetaan sille värit *imagecolorallocate*-funktiolla. Sitten asetetaan *header*-funktiolla ilmoitus selaimelle ja kuvan tyyppi määritetään *imagejpeg* funktiolla. Tässä php-tiedosto muunnetaan näkymään kuvatiedostona. Kuvaan on mahdollista myös kirjoittaa tekstiä. Tämä tapahtuu *imagestring* funktiolla. Katsotaampa, miten se tapahtuu.

Esimerkki 12.2: Lisätään edelliseen esimerkkiin tekstiä

```php
<?php
header("Content-type: image/jpeg");
$img = imagecreate(200, 200);
imagecolorallocate($img, 105, 195, 175);
$text_color = imagecolorallocate($img, 255, 255, 250);
imagestring($img,4, 2, 2, "Jotain lyhyttä tekstiä", $text_color);
imagejpeg($img);
imagedestroy($img); ?>
```

Tässä muutettiin selaimelle *header*-toiminto php-sivun alkuun, joka on sen luonnollisin sijainti. Muut-tujassa *$text_color* asetetaan tekstin väri ja funktio *imagestring* asettaa kirjaimen koon ja sijainnin. Funk-tion ensimmäinen argumentti viittaa fonttikokoon, toi-nen asettaa tekstin sijainnin vasemmasta reunasta, kolmas asettaa tekstin sijainnin kuvan yläreunasta.

On tietenkin kivempaa, etä kuva muodostuu oikeaksi kuvatiedostoksi ja kuvan lisäksi tiedostossa on myös html-tekstiä.

Esimerkki 12.3: Luodaan kuvatiedosto "lennossa"

```
<table><tr><td>
<h2>Tekstiä</h2></td><td>pikkusolu</td></tr><tr><td>
<?php
$pic=ImageCreate(600,600);
$col1=ImageColorAllocate($pic,200,200,200);
$col2=ImageColorAllocate($pic,0,0,255);
ImageFilledRectangle($pic,1,1,100,100,$col2);
ImagePNG($pic,"pic.png");
ImageDestroy($pic);
?>
<img src="pic.png" border=0>
</td><td>tekstiä</td></tr>
</table>
```

Jotta tämä toimisi, täytyy hakemistoon olla täydet käyttöoikeudet. (Ks. lukua *PHP ja tiedostonkäsittely*). Selvennetään hiukan tuota skriptiä. Siinä asetetaan kuvaan kaksi kuvamääritystä, peruskuvaan luodaan samantapainen kuvio, määrätyn värinen ja kokoinen neliö, jonka suorittamiseen käytetään funktiota *imagerectangle*. (Tällä tavalla saisi vaikka koko kuvan täyteen eri värisiä ruuttuja). Neliön sijainti määritel-lään neljällä argumentilla, jotka määrää vasemman ylänurkan *x*- ja *y*-pisteen sekä oikean alanurkan vastaavat pisteet. Skriptissä tulee uutena piirteenä se, että *imagepng*-funktiolle annetankin nyt kaksi argu-menttia, kuvan ominaisuuksien lisäksi tiedostonimi *pic.png*. Tämä luo uuden tiedoston.

Tämän kuvatiedoston luomisen ansiosta sivulla ei tarvita lainkaan *header*-funktiota asettamaan kuvan tyyppiä. Lisäksi se mahdollistaa pienten joka latauksella vaihtuvien dynaamisten kuvien näyttämisen sivulla. Tällaiseen lennossa luotuun kuvaan on mahdollista luoda eri kuvioita, eri tekstejä tai vaikka päivittyvän kellonajan. Näistä hiukan lisää seuraavaksi.

12.2 Peruskuvioiden luominen kuvaan

Aloitamme yksinkertaisilla kuvioilla, miten piirretään viiva ja miten sen saa kaarelle ja tätä myöten miten tehdään ympyrä ja neliskulmainen "laatikko". Myöhemmin perehdymme kuvioiden muuttamiseen dynaaamisesti. Viivan piirtäminen tapahtuu funktiolla imageline.

Esimerkki 12.4: Piirrertään viiva

```
<?php // create a 200*200 image
$img = imagecreate(120, 280);
$tausta = imagecolorallocate($img, 240, 240, 240);
$viiva = imagecolorallocate($img, 255, 0, 255);
$x=20;
$y=10;
$x2=100;
$y2=250;
imageline($img,$x,$y,$x2,$y2,$viiva);
imagejpeg($img,"gem1.jpg");
imagedestroy($img); ?>
```

Viereisen kuvan avulla havainnollisteaan *x* ja *y*-pisteiden merkitystä käytännössä. Muuttujat *$x* ja *$y* ilmoittaa viivan lähtökohdan kuvassa, *$x* kertoo etäisyyden kuvan vasemmasta reunasta ja *$y* kertoo korkeuden yläreunasta pikseleinä. Sitten muuttujissa *$x2* ja *$y2* asetetaan viivan lopetuskohta. Niimpä jos halutaan vaakaviiva, korkeutta määrittelevien muttujiin *$y* ja *$y2* asetettu lukema täytyy olla sama. Huomionarvoista on, että ylin *imagecolorallocate* määritelmä on

103

aina taustavärin määritys kuvaan.

Niimpä tässäkään ei tarvitse kutsua jälkeenpäin muuttujaa *$tausta*, jossa se määritellään.

Ympyrän ja kaarevan viivan piirtäminen sujuu käyttämällä funktiota *imagearc* tai *imagefilledarc*. Jälkimmäinen tulostaa kuvan tarkemmin kun on kyse suurista kuvista.

Taulukko 16: Imagearc funktion argumentit

Järjestys vasemmalta	Toiminto
1	Käsiteltävä kuva muuttujassa
2	Keskipisteen sijainti vasemmasta reunasta
3	Keskipisteen sijainti kuvan yläreunasta
4	ympyrän leveys
5	ympyrän korkeus
6	kaariviivan aloituskohta
7	kaaren aste väliltä 1-360
8	kaaren väri

Esimerkki 12.5: Piirretään ympyrä

```
<?php
$img = imagecreate(200, 200);
$tausta = imagecolorallocate($img, 205, 205, 205);
$kaari = imagecolorallocate($img, 0, 0, 0);
$x=100;
$y=100;
$width=180; // ympyrän leveys
$height=180; // ympyrän korkeus
$asteita=360; // näytetään koko ympyrän kaari
$alku=0;
imagearc($img, $x, $y, $width, $height, $alku, $asteita, $kaari);
imagepng($img,"gem2.png");
imagedestroy($img);
?>
<img src="gem2.png">
```

Muuttamalla *$width* muuttujan lukua pienemmäksi saadaan näkyviin ympyrän ulkoasu sivulta viistosti katsottuna.

Seuraavaksi katsotaan, miten tehdään ellipsi ja nelikulmainen viiva. Näillekkin on omat funktionsa.

Esimerkki 12.6: Luodaan ellipsin muotoinen kuvio

```php
<?php
// piirretään soikea kuvio
$image = imagecreate(300, 150);
$bg = imagecolorallocate($image, 0, 255, 0);
$ellipse = imagecolorallocate($image, 255, 0, 255);
$x=150;
$y=75;
imageellipse($image, $x, $y, 200, 100, $ellipse);
imagepng($image,"img4.png");
imagedestroy($image);
?>
<img src="img4.png">
```

Ellipsin piirtämiseen käytetään siis funktiota *imageellipse*. Sille annetaan argumentteina *x*-ja *y*-piste, joka on ellipsin keskikohta sekä ellipsin koko, leveys ja korkeus.

Nelisivuisen "boxin" tekoon voi käyttää funktioita *imageline* ja *imagefilledregtangle*.

Esimerkki 12.7: Tehdään nelisivuinen kehys imagelinefunktiolla

```php
<?php
$kuva=imagecreate(250,200);
$tausta=imagecolorallocate($kuva, 150,120,100);
$bordercolor=imagecolorallocate($kuva, 0,0,0);
$top=imageline($kuva,20,20,230,20,$bordercolor);
$left=imageline($kuva,20,20,20,180,$bordercolor);
$bottom=imageline($kuva,20,180,230,180,$bordercolor);
$right=imageline($kuva,230,20,230,180,$bordercolor);
imagejpeg($kuva,"img6.jpg");
?>
<img src="img6.jpg">
```

Käytettäessä *imageline*-funktiota neliöstä voi helposti tehdä tarvittaessa epäsäänöllisen.

Esimerkki 12.8: Nelisivuinen kehys
imagefilledregtangle-funktiolla

```
<?php
$kuva=imagecreate(250,200);
$tausta=imagecolorallocate($kuva, 250,220,200);
$bordercolor=imagecolorallocate($kuva, 0,0,0);
imagefilledrectangle($kuva,20,20,230,180,$bordercolor);
imagefilledrectangle($kuva,21,21,229,179,$tausta);
imagejpeg($kuva,"img9.jpg");
?>
<img src="img9.jpg">
```

Imageline-funktiolla boxin saa tehtyä piirtämällä neljä viivaa määrättyyn kohtaan, *imagefilledrectangle*-funktiolla tehdään kaksi eriväristä neliötä päällekkäin, joista alempi toimii kehyksen värinä, päällimmäinen täyttää boxin "sisuksen" kuvan taustavärillä.

12.3 Kuvioiden muuttaminen while-silmukassa

PHP:n silmukoiden avulla saadaan monimuotoisia kuvioita muuttamalla peruskuvion ominaisuuksia. Seuraavaksi tehdään esimerkin 12.5 ympyrään pieni muutos niin, että siinä on 20px leveä rengas. Avuksi otetaan *while*-silmukka jolla tehdään yhteensä 20 ympyrää sisäkkäin.

Tässä skriptissä tulee esille, miten *imagearc*-funktio muuttaa *$kaari* muuttujassa olevaa väriä. Tämä värimuutos saattaa tässä tapauksessa elävöittää kuvaa. Mutta jos halutaan tasavärinen rengas, avuksi otetaan funktio *imagefilledarc*, johon jo viitattiiin aiemmin.

Esimerkki 12.9: Tehdään ohut rengas ympyrään

```
<?php
$img = imagecreate(200, 200);
$tausta = imagecolorallocate($img, 205, 205, 205);
$kaari = imagecolorallocate($img, 70, 100, 40);
$x=100; $y=100;
$width=160;
$height=160;
$asteita=360;
```

```
$keskus=0;
$i=0;
while($i<20){
imagearc($img, $x, $y, $width, $height, $keskus, $asteita,
$kaari);
$width++; // suurennetaan ympyrän kokoa.
$height++;
$i++;
}
imagepng($img,"gem2.png");
imagedestroy($img);
?>
<img src="gem2.png">
```

Ylläolevan skriptin tulos viereisessä kuvassa.

Kuvaan voi saada paljon lisää erilaisia muotoja muuttamalla kuvan muotoja ja värejä silmukassa.

Esimerkki 12.10: ImageFilledArc funktion käyttö silmukassa

```
<?php
while($i<20){
    ImageFilledArc($img, $x, $y, $width, $height, $lohko, $asteita,
$kaari, IMG_ARC_PIE);
    ImageFilledArc($img, $x, $y, 120, 120, $lohko, $asteita,
$tausta, IMG_ARC_PIE);
    $width++; // suurennetaan ympyrän kokoa.
    $height++;
    $i++;
}
?>
```

ImageFilledArc luo värillä täytetyn ympyrän tai ympyrän lohkon annettujen argumenttien mukaan. Niimpä tässä luodaan kaksi ympyrää päällekkäin. Argumentit *x* ja *y* kertovat ympyrän keskikohdan, seuraavat argumentit kertovat ympyrän leveyden ja korkeuden. Kaksi seuraavaa kertovat ympyrän lohkon aloitus- ja lopetuskohdan astelukemina. Aste 360 ja aste 0 on samassa kohtaa äärimmäisenä oikealla.

Tehdään ympyrään jälleen yksi pieni muutos. Muutetaan sen *x*- ja *y*-akselia *while*-silmukassa, niin saadaan aikaiseksi putkimainen kuvio. Jotta "putki" sopisi tähän samaan kuvakokoon, täytyy *x*-ja *y*-akselin lähtökohtaa muuttaa kuvan vasempaan ylänurkkaan. Tehdään yhteensä 100 rengasta "putkeen".

Esimerkki 12.11: Piirretään pyöreä putki

```php
<?php
$img = imagecreate(200, 200);
$tausta = imagecolorallocate($img,90,90,90);
$kaari = imagecolorallocate($img, 200, 255, 100);
$x=30; $y=30;
$width=30; $height=30;
$asteita=360;
$keskus=0;
$i=0;
while($i<100){
imagearc($img, $x, $y, $width, $height, $keskus, $asteita,
$kaari);
$x++;
$y++;
$width++; // suurennetaan ympyrän kokoa.
$height++;
$i++;
}
imagepng($img,"gem2.png");
imagedestroy($img);
?>
<img src="gem2.png">
```

Skriptin tulos on nähtävissä viereisessä kuvassa. Kuten siitä näkyy, skriptiin tulee ilmiö, jossa ympyrään tulee pieniä "rakoja" renkaiden väliin. Tutkitaamme hiukan ohjelman rakennetta lähemmin. Pienin ympyrä kuvan ylälaidassa on

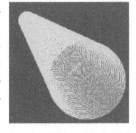

30px halkaisijaltaan. Sen lähtökohta on 30px kuvan vasemmasta- ja ylälaidasta. *While* silmukassa kaikkia näitä lukuja lisätään 100 kertaa. Niimpä suurimman renkaan halkaisija on 130px ja *x*- ja *y*-akselin lähtökohta 130px kuvan reunasta. Saat pienellä muutoksella luotua tästä erikoisia kuvioita. Tehdään pieni muutos edellisen skriptin while-silmukkaan ja pienennetään kuvan keskustan kokoa while-silmukassa

Esimerkki 12.12: Luodaan "abstraktikuva" silmukassa

```
while($i<100){
   imagearc($img, $x, $y, $width, $height, $keskus, $asteita,
$kaari);
   $x++;
   $y++;
   $width++; // suurennetaan ympyrän kokoa.
   $height++;
   $keskus--;
   $i++;
}
```

Kuva muuttuu seuraavalla tavalla. Vasempaan yläkulmaan tulee vain ensimmäinen ympyrä, jonka jälkeen ympyrät pienenevät ja häipyvät. Seuraavan sivun kuva on seurausta siitä, että edellisen lisäyksen myötä muutetaan ympy-  rän korkeus toisin päin eli pienennetään sitä.

Kuva muuttuu seuraavalla tavalla. Vasempaan yläkulmaan tulee vain ensimmäinen ympyrä, jonka jälkeen ympyrät pienenevät ja häipyvät. Alempi kuva on seurausta siitä, että edellisen lisäyksen myötä muutetaan ympyrän korkeus toisin päin eli pienennetään sitä.

Esimerkki 12.13:

```
while($i<100){
   imagearc($img, $x, $y, $width, $height, $keskus, $asteita,
$kaari);
   $x++;
   $y++;
   $width++;
   $height--; // pienennetään kokoa
   $keskus--;
   $i++;
}
```

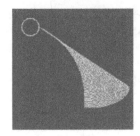 Seuraavassa esimerkissä tarkastellaan, miten saa aikaan nelikulmaisen laatikon, jossa on tasaisesti vaihtuva väri. Tämä onnistuu käyttämällä *imageline*-funktiota ja muuttamalla värinumeroita *while*-silmukassa. Tätä tekniikkaa voi soveltaa hiukan muuttamalla myös luomaan kotisivun tai sivulla olevan taulukon tai sen osan taustaväriä dynaamisesti.

Esimerkki 12.14: Lisätään kuvaan värikäs neliö

```php
<?php
$img = imagecreate(250, 240);
imagecolorallocate($img, 255, 0, 0);
$col1=55;$col2=15;$col3=35;$x=20;$y=20;$x2=230;$y2=20;
while($i<200){
$tausta=imagecolorallocate($img,$col1,$col2,$col3);
  imageline($img,$x,$y,$x2,$y2,$tausta);
  $y++; $y2++; $col1++; $col2++; $col3++; $i++;
}
imagepng($img,"gem2.png");
imagedestroy($img);
?>
<img src="gem2.png">
```

 Skriptin tulos viereisessä kuvassa. Silmukassa saadaan myös tehtyyn "tötteröön" hyvin monimuotoisia värejä vaihtamalla niitä silmukan eri vaiheissa. Tästä otetaan seuraavalla sivulla esimerkki.

Esimerkki 12.15: Piirretään värikäs "kouru"

```php
<?php
$x1 = 10; $y1 = 10; $radius = 11; $a=175;
$b=195; // rgb-värien alkuarvot
$c=105;
$image = ImageCreate(560, 390);
$tausta = ImageColorAllocate($image, 0,0,0);
$i=0; $x=0;
while($i <360){
  $color{$i} = ImageColorAllocate($image, $a,$b,$c);
  ImageArc($image, $x1, $y1, $radius , $radius , $i, $x,
$color{$i});
  $x1++; $y1++; // muutetaan x ja y koordinaatteja
  $radius++;
  $a++; $b++; $c++; // muutetan värit
  $i++;}
ImagePng($image, "file.png");
ImageDestroy($image);?>
<img src="file.png" alt="img">
```

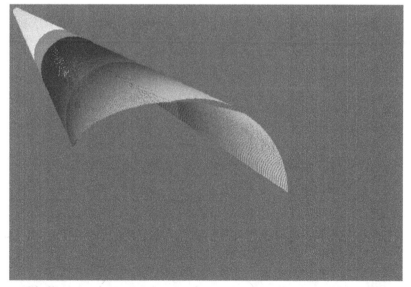

Edellisen skriptin tuottama värikäs kuva yllä. Aikaisemmin käsiteltiin jo viivan piirtämistä. Silmukkaa käyttäen viivaan saa tehtyä kaarevia mutkia ja voi vaihdella viivan värisävyjä. Otetaan tästä seuraava esimerkki.

Esimerkki 12.16: Piirretään kaareva viiva

```php
<?php
$x1b = 120; $y1b = 200;
$radius=11; $radius2 = 360;
$image = ImageCreate(330, 400);
$tausta=ImageColorAllocate($image, 20,20,30);
$i=0;
$d=55; $e=123; $f=99; // värit
$z=1; // keskus
while($i <360){
  $colorb{$i} = ImageColorAllocate($image, $d,$e,$f);
  ImageArc($image, $x1b, $y1b, $radius , $radius2 , $i, $z,
$colorb{$i});
  $radius++; $d++; $e++; $f++; $z++;$i++;
}
ImagePng($image, "test.png"); ImageDestroy($image);?>
<img src="test.png" alt="img">'
```

Palataampa vielä lyhyesti esimerkkiin 12.15. Kuvion "kourumainen" muoto johtuu siitä, että ympyrän astelukema on muuttujassa *$x* nolla. Kuvion leveyttä ja korkeutta suurennnetaan *while*-silmukassa tasaisesti muuttujassa *$radius*. Tämä aiheuttaa sen muodon. Jos muutujaa *$x* olisi myös silmukassa lisätty, kuviosta olisi tullut torvimainen.

Esimerkissä 12.16 käytettiin soikean ympyrän piirtämiseen hiukan poikkeavaa tapaa. Muuttujassa *$z* asetettiin ympyrän astelukemaksi 1 ja sitä lisättiin silmukassa täyteen 360:een. Näin se piirtää ympyrää aloittaen pelkästä pisteestä. Samalla kuitenkin ympyrän ominasuuksia muutetaan siten, että ympyrän leveys muuttuu, samoin sen värit. Niimpä se piirtää värikkään "nauhan", joka on kaarella.

While-silmukka on kätevä tapa hakea kauniita erikoisia kuvioita. Jos kuitenkin haluaa ihan täsmällisiä kuvioita, täytyy silmukka suunnitella hiukan johdonmukaisemmin. Tästä oli jo aiemmassa esimerkkissä malli.

Seuraavaksi teemme toisenlaisen ympyrän.

Esimerkki 12.17: Tehdään värikäs ympyrä

```php
<?php
$x1 = 300; $y1 = 300;
$radius = 500;
$a=127; $b=127; $c=127;
$image = ImageCreate(600, 600);
$tausta = ImageColorAllocate($image, 255,255,255);
$i=0;
while($i <500){
  $color{$i} = ImageColorAllocate($image, $a,$b,$c);
  ImageArc($image, $x1, $y1, $radius , $radius , 0, 360,
$color{$i});
  // muutetaan värejä määrätylillä riveillä edestakaisin */
   if($i > 420){ $a++; $c--;$b--;}
   if($i < 420 && $i > 355){ $b++; $c++;$a--; }
   if($i <350 && $i >250){ $c--; $a--; $b--; }
   if($i < 249 && $i > 110){ $c++; $a++; }
   if($i < 111){ $b++; $a++;$b++; }
   $radius--;
    $i++;
}
ImagePng($image, "file.png");
ImageDestroy($image);?>
<img src="file.png">
```

Skriptin tulos yllä. Tässä lisättiin yhteensä satoja

ympyröitä sisäkkäin, aloittaen suurimmasta ympyrästä ja niiden värejä vaihdellaan while-silmukassa jatkuvasti. Näin saa piirrettyä todella värikkäitä ympyröita ja ainoastaan mielikuvitus on rajana, miten kauniin ympyrän saa aikaiseksi.

12.4 Kuvan muokkaaminen

Otetaan aluksi esimerkki, miten kuvassa olevia värejä voidaan vähentää. Kuvassa olevien värien määrän voi asettaa funktiolla *imagetruecolortopalette*.

Esimerkki 12.18: Asetetaan kuvan värimääräksi 64

```
<?php
$image = imagecreatefromjpeg("testi.jpg");
imagetruecolortopalette($image, true, 64);
header("Content-type:image/jpeg");
imagejpeg($image);
imagedestroy($image);
?>
```

Mitä enemmän kuvan värejä vähentää, sitä enemmän kuvan ulkonäkö muuttuu. *Imagetruecolortopalette* tarvitsee argumentiksi vähintään yhden värin, sillä 0 tulostaa kuvatiedoston sisällön koodina.

Värejä voidaan lisäksi muokata funktiolla *imagecopymerge* jolla voi myös kopioida kuvan. Sillä saa aikaan myös läpinäkyviä kuvia.

Esimerkki 12.19: Tehdään läpinäkyvä kuva toisen päälle

```
<?php
$source = "tie.jpg"; $dest="tausta.jpg";
$image = imagecreatefromjpeg($dest);
$insert = imagecreatefromjpeg($source);
$sx = imagesx($insert);
$sy = imagesy($insert);
imagecopymerge($image, $insert, 550, 80, 0, 0, $sx, $sy, 60);
ImageJPEG($image,"uusi.jpg");
ImageDestroy($image);?>
<image src="uusi.png" width="1000">
```

Seuraava kuva on tehty edellisellä skriptillä. Siinä yhdistetään kesämaiseman päälle talvimaisema.

ImageCopyMerge voi myös muuttaa alkuperäistä kuvaa. Sillä saa muutettua kuvan värejä jopa radikaalilla tavalla. Kuvan muokkaamiseen sopivat kuvan kopiointifunktiot, joilla voi leikata ja liittää kuvan palasia toisista kuvista. Myös *imagerat*-funktio, jolla voi valita tietyn pisteen kuvasta, sopii muokkaukseen.

Taulukko 17: ImageCopyMerge funktion argumentit

Järjestys	Toiminto
1	Tiedoston muuttuja
2	Liitettävä tiedosto
3	Aloituspisteen x-akseli
4	Aloituspisteen y-akseli
5	Lopetuspisteen x-akseli
6	Lopetuspisteen y-akseli
7	Liitettävä kuvan leveys
8	Liitettäväm kuvan korkeus
9	Värikylläisyys

Seuraavaksi tarkastelemme miten voi osan kuvasta tehdä läpinäkyväksi ja samalla laitetaan kuvaan yksinkertaiset kehykset. Koska kyseessä on maisema, josta valkoinen taivas tehdään läpinäkyväksi, niin siihen tehdään uusi värisävy sen tilalle. Tässä käytetään *imagecolortransparent* funktiolla ja apuna on myös tässä *imagecopymerge* funktio.

Esimerkki 12.20: Tehdään läpinäkyvä png-kuva

```php
<?php
$img = imagecreatefrompng("636.png");
$w = imagesx($img);  $h = imagesy($img);
$im = imagecreatetruecolor($w+3, $h+3);

$back = imagecolorallocate($im, 50, 50, 50);
$white = imagecolorallocate($im, 255, 255, 255);

$img2 = imagecreatetruecolor($w, $h);
imagecolorallocate($img, 255, 0, 0);
$col1=76;$col2=76;$col3=170;

$x=1;$y=1;$x2=$w;$y2=0;
while($i<$w){
$tausta=imagecolorallocate($img2,$col1,$col2,$col3);
imageline($img2,$x,$y,$x2,$y2,$tausta);
$y++; $y2++;
$col1++; $col2++; $col3--;
$i++;
}
imagecolortransparent($img, $white);
imagecopymerge($im, $img2, 1, 1, 2, 2,$w, $y,100);
imagecopymerge($im, $img, 1, 1, 2, 2,$w, $y,100);
imagepng($im,"aitta2.png");

imagedestroy($im);
imagedestroy($img);
?>
```

Tuossa skriptissä *imagecreatetruecolor* funktiolla luotiin kuva, joka on mitoiltaan kolme pikseliä leveämpi ja korkeampi kuin kopioitava kuva. Tämän ansiosta taustaväri tulee osittain näkyviin. Samoin kuvaa ei ole aseteltu *$im* kuvan päälle aivan reunaan, vaan on jätetty ylös ja vasemmalle 1 pikselin reunus asettamalla *x*. ja *y*- pisteiksi 1.
Kuviin voi myös laittaa väripisteitä valittuihin kohtiin.

Esimerkki 12.21: Liitetään kuvaan pieniä väripisteitä

```
<?php
$im = ImageCreateFromJpeg("kuvat/kuva2.jpg");
$rgb = ImageColorAt($im, 30, 340); $r = ($rgb >> 16) & 0xFF;
$g = ($rgb >> 8) & 0xFF; $b = $rgb & 0xFF;
$liite=imagecreate(3,3);
$c=imagecolorallocate($liite,$r,$g,$b);
$im2=imagecreatefromjpeg("kuvat/photo9.jpg");
imagecopy($im2,$liite,200,86,0,0,3,3);
imagecopy($im2,$liite,201,87,0,0,3,3);
imagecopy($im2,$liite,202,88,0,0,3,3);
imagecopy($im2,$liite,203,89,0,0,3,3);
imagecopy($im2,$liite,203,91,0,0,3,3);
imagecopy($im2,$liite,205,92,0,0,3,3);
imagecopy($im2,$liite,207,92,0,0,3,3);
imagecopy($im2,$liite,210,92,0,0,3,3);
imagejpeg($im2,"uusi.jpg");
imagedestroy($im2);?>
```

Tässä esimerkissä toisesta kuvasta kopioitiin haluttu väri ja tehtiin siitä 3 pikseliä leveä "sivellin", pikkukuva, joka liitettiin *imagecopy* funktiolla toiseen kuvaan useita kertoja. Tässä voi myös hyödyntää esim. *while*-silmukkaa, kun liitetään kuva ja siirretään x-ja -y pisteitä silmukassa.

Esimerkki 12.22: Pienennetään kuva

```
<?php
  function prosentti($num,$percent){
    $tulos = $num/100*$percent;
    $tulos = round($tulos,2);
    return $tulos;
  }
$file_org = @imagecreatefrompng('tausta2.png');
$org_x = imagesx($file_org);
$org_y = imagesy($file_org);
$width = 120; $pro = $org_x / 100; $sc = $width / $pro;
$new_height = ceil(prosentti($org_y, $sc));
$im = imagecreatetruecolor($width, $new_height);
  // Pienennetään kuvaa
  imagecopyresampled($im, $file_org, 0, 0, 0, 0, $width,
$new_height, $org_x, $org_y);
    imagepng($im, "testi_kuva12.png");
    imagedestroy($im);
?>
```

Taulukko 18: ImageCopyResampled argumentit

Järjestys	Toiminto
1	Tiedoston muuttuja
2	Kopioitava tiedosto
3	Aloituspisteen x-akseli
4	Aloituspisteen y-akseli
5	Lopetuspisteen x-akseli
6	Lopetuspisteen y-akseli
7	Liitettävä kuvan leveys
8	Liitettäväm kuvan korkeus
9	Alkuperäisen kuvan leveys
10	Alkuperäisen kuvan korkeus

12.5 Kuvioiden piirtäminen

Monikulmiota voi piirtää *imagefilledpolygon*-funktiolla.

Esimerkki 12.23: Piirretään 8-kulmio

```php
<?php
$values = array( 40,20, 210,20, 230,40, 230,210,
210,230, 40,230, 20,210, 20,40 );
$image = imagecreate(250, 250);
$tausta=imagecolorallocate($image, 195, 200, 160);
$blue = imagecolorallocate($image, 0, 0, 255);
imagefilledpolygon($image, $values, 8, $blue);
header('Content-type: image/png');
imagepng($image);
imagedestroy($image);
?>
```

Hiukan tämän skriptin selvitystä. Arrayssa eritellään kunkin kulman *x*-ja *y*-pisteet. Nämä voi erotella kahden ryhmiin, niin on helpompi havaita, mitkä "parit" kuuluu samaan x-ja y-kulmaan. Funktiossa *image filledpolygon* otetaan argumentiksi kuvatieto, arrayn nimi, *x*-ja *y*-pisteiden määrä sekä täyttöväri. Tekemällä useampia erikokoisia kuvioita päällekkäin saadaan aikaan vaikutelma, että kuvio on tehty piirtämällä esim. paksu sininen viiva.

Esimerkki 12.24

```
<?php
$values2 = array( 44,27, 206,27, 223,44, 223,206,
206,223, 44,223, 27,206, 27,44 );
imagefilledpolygon($image, $values2, 8, $tausta);
?>
```

Tässä esimerkissä on vain edelliseen esimerkkiin lisättävät rivit, jotta tämä skripti sopii kokonaan tälle sivulle. Paksun viivan piirtäminen. Kun tehdään pelkästään paksuja viivoja, jotka eivät ole vinoja, siihen voidaan käyttää imagefilledrectangle- funktiota. Mutta jos tarvitaan viivoja, joiden suunta on muu suorakulmainen viiva, tarvitaan avuksi jotakin muuta. Imageline ei ole siihen hyvä ratkaisu, koska se piirtää vain ohuen viivan. Tähän sopii avuksi apufunktio ImageLineThick, joka löytyy osoitteesta www.php.net/ manual/en/function.imageline.php, eli se on PHP.netin esimerkki-skriptejä.

Pikkuisen tämän seuraavalla sivulla olevan funktion selvitystä. Se tarvitsee argumentikseen kuvatiedot, viivan aloitus- ja lopetus-kohdan, viivan värin ja paksuuden.

Huomionarvoista tässä on se, että x-ja y-akselin kohta on viivan keskikohdassa. Niimpä jos viivasi paksuus on 10px, ja haluat viivan kuvan yläreunaan, y-akselien arvon tulee olla 5.

Tässä funktiossa viivan pää on aina tasainen, suorakulmainen. Entä jos haluat piirtää paksun "tyylikkään" vaakaviivan, jonka päät ovat vinot. Tämä onnistuu funktiolla *imagefilledpolygon*.

Esimerkki 12.25: Funktio *ImageLineThick*

```php
<?php
function imagelinethick($image, $x1, $y1, $x2, $y2, $color, $thick
= 1)
{
if ($thick == 1) {
return imageline($image, $x1, $y1, $x2, $y2, $color);
}
$t = $thick / 2 - 0.5;
if ($x1 == $x2 || $y1 == $y2) {
return imagefilledrectangle($image, round(min($x1, $x2) - $t),
round(min($y1, $y2) - $t), round(max($x1, $x2) + $t),
round(max($y1,
$y2) + $t), $color);
}
$k = ($y2 - $y1) / ($x2 - $x1); //y = kx + q
$a = $t / sqrt(1 + pow($k, 2));
$points = array(
round($x1 - (1+$k)*$a), round($y1 + (1-$k)*$a),
round($x1 - (1-$k)*$a), round($y1 - (1+$k)*$a),
round($x2 + (1+$k)*$a), round($y2 - (1-$k)*$a),
round($x2 + (1-$k)*$a), round($y2 + (1+$k)*$a),
);
imagefilledpolygon($image, $points, 4, $color);
return imagepolygon($image, $points, 4, $color);
} ?>
```

Seuraavaassa esimerkissä 12.26 tulee myös esille kätevä funktio *imagettftext*, jolla saa omalla tietokoneella olevista *ttf*-fonteista määrätyn tyylisen tekstin. *Imagettftext* tarvitsee argumentikseen kuvatiedon ja seuraavaksi fonttikoon pikseleinä, tekstin kirjoituskulman (0 ja 360 = vaaka), tekstin aloituskohdan *x*- ja *y*-pisteen, fonttivärin, *ttf*-fontin polun ja tekstin. Kirjasinmalli on tässä koneen *windows/fonts* kansiossa.

Seuraavaksi teemme esimerkissä 12.27 kuvion, jonkatapainen käy vaakatasona vaikka jolekkin logo-tekstille. Tässä ensin *imagefilledpolygon* funktiolla tehdään kaksi eriväristä vinoneliötä limittäin ja sen jälkeen *imagefilledellipse* funktiolla osa neliöstä peitetään.

Voi olla aikaa vievää saada ellipsi asettumaan oikeaan kohtaan, mutta tulos voi olla vaivanarvoinen.

Esimerkki 12.26: Käytetään ttf-fontteja

```php
<?php
header('Content-Type: image/png');
$im = imagecreatetruecolor(400, 30);
// Create some colors
$white = imagecolorallocate($im, 255, 255, 255);
$grey = imagecolorallocate($im, 128, 128, 128);
$black = imagecolorallocate($im, 0, 0, 0);
imagefilledrectangle($im, 0, 0, 399, 29, $white);
// The text to draw
$text = 'Testataan...';
// Replace path by your own font path
$font = 'arial.ttf';

imagettftext($im, 20, 0, 11, 21, $grey, $font, $text);

imagettftext($im, 20, 0, 10, 20, $black, $font, $text);

imagejpeg()
imagepng($im);
imagedestroy($im);
?>
```

Esimerkki 12.27: Piirretään kuvio

```php
<?php
$im = imagecreate(700,200);
$tausta= imagecolorallocate($im, 255, 255, 255);
$color = imagecolorallocate($im, 10, 10, 190);
$color2 = imagecolorallocate($im, 200, 10, 190);
$values=array(24,75,625,75,605,80,7,105);

imagefilledpolygon($im, $values, 4, $color2);
$values2=array(30,75,630,75,610,80,15,100);
imagefilledpolygon($im, $values2, 4, $color);
imagefilledellipse($im, 664, 101, 1310, 43, $color2);
imagefilledellipse($im, 664, 106, 1310, 52, $tausta);
imagejpeg($im,"kuva3.jpg",100);
imagedestroy($im);?>
```

12.6 Kehyksen luominen kuvaan

Seuraavaksi luomme kuvalle kehykset. Tämänkin voidaan sanoa kuuluvan erikoiskuvioihin. Siinä voidaan käyttää näitä samoja toimitoja kuin aikaisemmin tässä oppaassa on esitelty ja vaihtaa välillä kokonaan kehyksen värejä. Otetaan aluksi esimerkki, jossa kehys piirretään kuvan ympärille pikselin levyisinä viivoina. Koska tämä on pitempi skripti, esitellään se tässä pala palalta.

Esimerkki 12.28a: Skriptin alkuosa

```php
<?php
$image = imagecreatefrompng("636.png");
$frame = 120; // Kehyksen leveys
$w = imagesx($image);
$h = imagesy($image);
$width = $w+$frame*2;
$height = $h+$frame*2;

$im = imagecreatetruecolor($width,$height);
$back = imagecolorallocate($im, 255, 255, 255); // Taustaväri
```

Tässä ensin haetaan kuva imagecreatefrompng funktiolla ja selvitetään kuvan koko muuttujissa $w ja $y. Lisäksi päätetään, että kehyksen leveydeksi tulee 120 pikseliä.

Esimerkki 12.28b: Asetetaan kehyksen koko ja värit

```php
$x = $frame; $y = $frame;

$x2 = $frame+$w;
$y2 = $frame+$h;
// Rgb-värit
$col = array(102,132,188);
$col2 = array(239,238,141);
$col3 = array(140,140,150);
```

Esimerkki 12.28c: Lisätään värejä rivistä 15 alkaen

```php
for($i=0;$i<$frame;$i++){
    if($i > 15){
        $color = imagecolorallocate($im, $col[0], $col[1],
$col[2]);
        $col[0]--; $col[2]--; $col3[1]--;
    }
```

Tässä kehykselle asetettiin kolme eri väriä, joiden alkuarvo on poikkeuksellisesti arrayssa. Lisäksi asetetaan x- ja y- pisteiden lopetuslukema samaksi mikä on kuvan koko.

Esimerkki 12.28d: Lisätään värejä riville 1, 13 ja 14

```
elseif($i == 0 or $i == 14 or $i == 15){
            // Piirretään ohut rengas
            $color = imagecolorallocate($im, $col3[0], $col3[1],
$col3[2]);
    }
```

Esimerkki 12.28e: Lisätään värejä riveille 2-12

```
else{
        $color = imagecolorallocate($im, $col2[0], $col2[1],
$col2[2]);
            $col2[0]--;
            $col2[2]++;
            $col2[1]--;
}
```

Tässä muutettiin väriä arrayssa *$col2*.

Esimerkki 12.28f: Skriptin loppuosa

```
        imagerectangle($im, $x, $y, $x2, $y2, $color);
        // Suurennetaan neliötä
            $x--; $y--;
            $x2++;  $y2++;
}
// Koipidaan kuva kehykseen
imagecopymerge($im, $image, $frame+1, $frame, 0, 0,$w,
$h,100);

imagepng($im,"frame.png");
imagedestroy($img);
imagedestroy($image);?>
```

Tässä laajennetaan kehystä muokkaamalla *x*- ja *y*-pisteiden aloitus- ja lopetuskohtaa tasaisesti.

Alla koodin tekemä kuva. Näillä väriarvoilla 120px on kehyksen maksimileveys, ennen kuin tulee raja vastaan ja rgb-väri menee "miinukselle". Kuten tästä voi havaita, leveässä kehyksessä php:n hyvät ominaisuudet tulevat paremmin esille.

Sitten ryhdymme pohtimaan hiukan erilaisempaa kehystä. Kun kehyksessä halutaan olla kuvioita, pelkkä piirtäminen ei siihen sovellu, vaan kehys täytyy kopioida osaksi kuvaa. Tätä esiteltiin jo aikaisemmin *imagecopymerge* funktiolla. Jotta ei tarvittaisi jokaiselle kuvan sivulle tulevalle kehykselle luoda omaa kuvaa, sovelletaan *imagerotate* funktiota, jolla kehyksen kuva käännettään kullekin sivulle sopivaksi. Lisäksi kehyksiä täytyy nurkista muuttaa läpinäkyvistä. Tämä onnistuu *imagecolortransparent* funktiolla. Otetaan tämäkin skripti pala palalta.

Esimerkki 12.29a: Skriptin alkuosa

```php
<?php
$frame_org = @imagecreatefrompng('antik.png');
$image = @imagecreatefrompng('photo.png');

$framewidth = 120;
$frame_x = imagesx($frame_org);
$frame_y = imagesy($frame_org);
$w = imagesx($image);
$h = imagesy($image);
$width = $w + ($framewidth*2);
$height = $h + ($framewidth*2);

$pro = $frame_y / 100; $sc = $framewidth / $pro;

$new_width = ceil(prosentti($frame_x, $sc));
```

Tässä ensin haettiin kehyksen kuva tiedostosta *antik.png* ja kehystettävä kuva tiedostosta *photo.png* ja poimittiin näiden molempien kuvien koot ylös. Kehyksen leveydeksi asetettiin 120 px ja lasketaan, miten paljon kehyskuvan kokoa tarvitsee pienentää. Laskutoimitukseen käytettiin aikaisemmin sivulla 96 esille tullutta *prosentti*-funktiota. Kopioitavan kehyksen koko asetetaan muuttujiin *$new_width* ja *$framewidth*.

Esimerkki 12.29b: Pienennetään kehystä

```
$im = imagecreatetruecolor($new_width, $framewidth);
  // Pienennetään kehyksen kuvaa
 imagecopyresampled($im, $frame_org, 0, 0, 0, 0, $new_width,
$framewidth, $frame_x, $frame_y);
```

Esimerkki 12.29c: Liitetään kehystettävä kuva

```
$img = imagecreatetruecolor($width, $height);
  // photo
  imagecopymerge($img, $image, $framewidth, $framewidth, 0,
0, $w, $h,100);
```

Skriptin alkuosassa edellisellä sivulla laskettiin myös, minkä kokoinen kuvasta tulee kehysten kanssa. Tässä luodaan uusi kuva uusien mittojen mukaan ja kopioidaan kehystettävä kuva sen keskelle.

*Esimerkki 12.29d:*Liitetään ala- ja yläkehys

```
  // -top -
  imagecopymerge($img, $im, 0, 0 ,0, 0, $new_width,
$framewidth, 100);
     // -bottom-
  $bottom = imagerotate($im, 180, 0);
  $x2_bottom = $width;
  $y_bottom = $height - $framewidth;
  imagecopymerge($img, $bottom, 0, $y_bottom, 0, 0,
$new_width, $framewidth, 100);
```

Tässä liitettiin ensin yläkehys, käännettiin se ylösalaisin *imagerotate* funktiolla ja liitettiin se alas.

```
// -left-
   $left = imagerotate($im, 90, 0);
   $x2_left = $framewidth; $y_left = $height;
   $new_width2 = $framewidth;
   imagealphablending($left, false);
   imagesavealpha($left,true);
   $transparent = imagecolorallocatealpha($left, 255, 255, 255,
127);
   imagecolortransparent($left,$transparent);
   imagefilledpolygon($left, array(0, 0,
                               $framewidth, 0,
                               $framewidth, $framewidth), 3,
$transparent);
   imagefilledpolygon($left, array(0, $height,
                               $framewidth, $y_bottom,
$framewidth, $height),3,$transparent);
   imagecopymerge($img, $left, 0, 0, 0, 0, $new_width2, $height,
100);
```

Tässä käännettiin kehyskuvaa 90 astetta taaksepäin ja lisättiin läpinäkyvyys kehyksen molempiin päihin. Apuna käytetiin *imagefilledpolygon* funktiota, joka piirsi kolmion molempiin päihin ja "väritti" sen läpinäkyvällä värillä.

Esimerkki 12.29f: Skriptin loppuosa

```
// -right -
   $x_right = $width - $framewidth;
   $x2_right = $width; $y_right = $height;
   $right = imagerotate($im, 270, 0);
      imagealphablending($right, false);
      imagesavealpha($right,true);
      $transparent = imagecolorallocatealpha($right, 255, 255,
255, 127);
      imagecolortransparent($right,$transparent);
   imagefilledpolygon($right, array(0, 0, $framewidth, 0, 0,
$framewidth), 3, $transparent);
   imagefilledpolygon($right, array(0, $y_bottom, $framewidth,
$height, 0, $height),3,$transparent);
   imagecopymerge($img, $right, $x_right, 0, 0, 0, $new_width2,
$height, 100);

   imagepng($img, "frame_kuva.png");
   imagedestroy($img);  ?>
```

Tässä tehtiin sama oikean puolen kehykselle. Skripti
tekee tällaisen kuvan.

12.7 Kuvan tietojen näyttäminen

Kuvatietojen näyttämiseen soveltuu *exif* funktiot. Ne
lukevat kuvassa olevat EXIF-otsikot. Tämä toimii
useimpiin kuviin. Jonkin verran puutteita voi olla ku-
vissa, joita on muokattu kuvankäsittelyohjelmalla ja
kuvatyyppiä on muutettu esimerkiksi *jpeg*-kuvasta
png-kuvaksi. Tällöin joillakin kuvankäsittelyohjelmilla
kuvan EXIF-tiedot eivät välttämättä tallennu oikein.

Esimerkki 12.30: Luetaan kuvan tiedot

```
$exif_data = exif_read_data("tie.jpg", 0, true);

echo "<pre>";
print_r($exif_data);
echo "</pre>";
```

13. Tietokanta-yhteyden käyttäminen

13.1 MySQL ja MySQLi

Tietokannat ovat erittäin hyödyllisä ja niitä kannattaa käyttää, mikäli se o tuettu palvelimella. MySQL on pitkään ollut kaikkein yleisin verkkosivuilla käytetty tietokanta-ohjelma. Se on kuitenkin vanhentumassa, ja PHP 7 ei enää tue sitä.

Tietokanta-ohjelmat käyttävät SQL-lauseita tietokannan käsittelyyn. Niimpä tässä perehdymme aluksi pelkästään muutaman eri tietokanta-ohjelman käyttöön ja tarkastelaan varsinaisia SQL-lauseita erikseen tämän luvun loppuosassa.

Esimerkki 13.1: MySQL-yhteyden muodostaminen

```php
<?php
$yhteys = @mysql_connect('mysql-palvelin', 'kayttajatunnus',
'salasana');
if (!$yhteys) {
   die('Yhteys ei onnistunut: ' . mysql_error());
} else {
   echo "Yhteys on luotu onnistuneesti";
}
?>
```

Tarvitaan siis mysql-palvelimen osoite (joka usein on *localhost'*, käyttäjätunnus ja salasana, ennen kuin yhteyttä voi alkaa muodostamaan. Yllä oleva *mysql_con nect*-funktio muodostaa yhteyden varsinaiselle palvelimelle. Huomioitavaa tässä on se, että koska mysql on vanhentumassa oleva tietokanta-ajuri, funktion eteen tulee laittaa '@', se estää tarpeettomat virheilmoitukset, mikä tulee, jos käytössä on PHP 5.6. Sen jälkeen tulee valita palvelimella oleva tietokanta. Siihen tarvitaan funktiota *mysql_select_db*. Samalla voidaan tutustua funktioon *trigger_error*, sillä yhteys tietokantaan voidaan tehdä samalla kertaa kun tarkistetaan, löytyykö valittua tietokantaa.

Esimerkki 13.2: Tehdään yhteys valittuun tietokantaan

```
if (!mysql_select_db($database, $yhteys)) {
   trigger_error('Error: Could not connect to database ' .
$database);
```

Vaihda lainausmerkkien sisään tietokantasi nimi. Huo-maa, että tässä molemissa esimerkeissä on tarkistus ja tulostetaan mysql_error-ilmoitus, jos yhteys ei onnistu. Tämä on tärkeää, koska mysql ei ilmoita muuten mahdollisesta virheestä yhteydessä.

Esimerkki 13.3: MySql-kyselyn tekeminen

```
<?php
   $query = mysql_query("SQL lause tässä", $yhteys);
?>
```

Kaikki tominnot, joita mysql tietokantaan tarvitsee tehdä, tehdään funktiolla *mysql_query*, jolla SQL-lause lähetetään tietokantaan. Pienenä huomautuksena se, että näissä esimerkissä muuttuja $yhteys viitta edellisen sivun skriptiin, esimerkkiin 13.1.

Esimerkki 13.4: MySql vastauksen tulostaminen

```
$i = 0;
$data = array();
while ($result = mysql_fetch_assoc($resource)) {
        $data[$i] = $result;
        $i++;
}
```

Tulostamiseen voi vaihtoehtoisesti käyttää *mysql_fetch_array*-funktioita.

Esimerkki 13.5: Vapautetaan muistia

```
mysql_free_result($query);
```

Tätä funktiota *mysq_free_result* kannattaa käyttää aina *while*-silmukan jälkeen, sillä se vapauttaa muistia.

Esimerkki 13.6: Kyselyn tarkistus

```
if ($query) {
        if (is_resource($query)) {

        */ While silmukka, esimerkit 13.4 ja 13.5 tässä */

        } else {
                return true;
        }
} else {
  trigger_error('Error: ' . mysql_error($yhteys) );
    exit();
}
```

Jotta vältytään ylimääräisiltä virheiltä, tällä ehtolauseella voidaan tarkistaa, että tietokannasta löytyy jotakin tulostettavaa dataa.

Esimerkki 13.7: Puhdistetaan data

```
mysql_real_escape_string($teksti, $yhteys);
```

Ennen tietokantaan tallennusta kannattaa tarkistaa kirjoitettu teksti tällä funktiolla.

Esimerkki 13.8: MySql-yhteys suljetaan

```
<?php mysql_close(); ?>
```

Esimerkki 13.9: Yhteys tietokantaan mysqli-ajurilla

```
$yhteys = new mysqli('localhost', 'user', 'password', 'tietokanta');
```

Tässä yhteys tehdään eri tavalla käyttäen php-luokkaa *mysqli* ja yhdistämällä suoraan tietokantaan.

Esimerkki 13.10: Mysqli kyselyn tekeminen

```
$query = $yhteys->query("SQL lause tässä");
```

Tässä kysely tehdään *mysqli* luokan metodiin *query* ja se yksinkertaistaa toimintoa.

Esimerkki 13.10: Mysqli kyselyn tulostaminen

```
if (!$yhteys->errno){
    if (isset($query->num_rows)) {
        $data = array();
 while ($row = $query->fetch_assoc()) {
            $data[] = $row;
}
    } else {
 return true;
        }
} else {
   trigger_error('Error: ' . $yhteys->error . '<br />Error No: ' .
$yhteys->errno . '<br />' . $sql_lause);
   exit();
}
```

Tässä yllä olevassa skriptissä tehdään samalla tarpeelliset tarkistukset. Metodilla *num_rows* tarkistetaan, että onko tulostettavia rivejä löydtynyt. Metodi *errno* tulostaa mahdolliset virheet haussa. Tässä on myös tehty siten, että varsinainen sql-lause on sisällytetty omaan muuttujaansa.

Esimerkki 13.11: Puhdistetaan mysqli-data

```
$yhteys->real_escape_string($teksti);
```

Esimerkki 13.12: MySqli-yhteys suljetaan

```
$yhteys->close();
```

13.2 PDO - kirjaston käyttö

PDO on hiukan erilainen luokka, joka jäljittelee ehkä eniten *perl*-skriptien tietokanta-yhteyden rakennetta.

Esimerkki 13.23: Yhteyden muodostaminen

```
<?php $yhteys = new PDO('mysql:host=localhost;dbname='.
$database, $tunnus, $salasana); ?>
```

Esimerkki 13.24: Yhteyden tarkistaminen

```
# tarkistetaan, toimiiko yhteys
$yhteys->setAttribute(PDO::ATTR_ERRMODE,
PDO::ERRMODE_EXCEPTION);
# käytetään  yleistä nerkistöä utf8
$yhteys->exec("SET NAMES utf8");
```

Kuten esimerkistä voi huomata, yhteys tietokantaan saadaan aikaan varsin lyhyellä lauseella. Tässä esimerkki mysql-palvelimen osoite on pelkkä localhost. Virheenkäsittely- ja merkistön asettaminen eivät ole pakollisia, mutta niistä on hyöytyä. Varsinkin *utf-8* merkistön aiheuttamat ongelmat voi tällä asetuksella välttää.

Esimerkki 13.26: Kyselyn tekeminen PDO kirjastolla

```
<?php
 $query = $yhteys->prepare("SQL lause tässä");
?>
```

Ohjelma tarkistaa ensin *prepare*-metodilla SQL-lauseen rakenteen ja jos siinä on virhe, se ei jatka eteenpäin eikä tulosta mitään.

Esimerkki 13.27a: PDO kyselyn tulostaminen

```
$query->execute(array(':id'=>", ':nimi'=>", ':osoite'=>"));
$tiedot = $query->fetchAll();

  for($i=0;$i<count($tiedot);$i++){
   echo $tiedot[$i]['nimi'].' '.$tiedot[$i]['osoite'].' '.$tiedot[$i];
   echo '<br/>';
  }
```

Jos SQL-lauseessa ei ole virheitä, suoritetaan haku *execute*-metodilla. Kun halutaan tulostaa useampi kenttä kannasta, tulostettavien kenttien nimet asetetaan arrayhyn yllä olevan esimerkin mukaan. Haun tulos näytetään arrayssa metodilla *fetchAll*.

Esimerkki 13.27b: PDO kyselyn tulostaminen 2

```
# Tämä sallii vaihtoehtoisen tulostustavan:
 foreach($tiedot as $tieto){
    echo $tieto['nimi'] .' ' . $tieto['osoite'];
    echo '<br/>';
 }
```

Haku on mahdollista tehdä myös määrittämättä kenttien nimiä, silloin homma tulostetaan *while*-silmukassa.

Esimerkki 13.28: Tulostaminen fetch metodilla

```
<?php

 while($row = $query->fetch()){
    echo $row['nimi'].' '.$row['osoite'].' '.$row['puhelin'];
    echo '<br/>';
 }
?>
```

Tässä metodilla *fetch* haetaan silmukassa jokainen tieto yksitellen. Samaa metodia käytetään myös silloin kun tietokannasta tarvitsee hakea vain yhtä tietoa.

Esimerkki 13.28: Lisätään uusi rivi

```
$query = $yhteys->private("INSERT taulu SET nimi=?");
$query->execute(array('Matti Meikäläinen'));
```

Tietojen lisääminen ja päivitys onnistuu yksinkertaisella lauseella *private* ja *execute-* metodin avulla. Tässä on huomionarvoista se, että sql-lause on poikkeuksellinen (samoin kuin perl-kielessä), sillä sqllauseessa on kysymysmerkki kentän nimen jälkeen. Tähän kenttään tulee *execute* metodilla syötettävän arrayn sisältö. Koska tallennettavia tietokannan kenttiä on useampi, ne tulee olla execute arrayssa samassa järjestyksessä kuin sql-lauseessa, jotta tiedot tallentuvat oikeisiin kenttiin.

PDO kirjaston käytössä on se hyvä puoli, että siinä ei

tarvitse huolehtia siitä, että onko muistanut tehdä tarpeelliset tarksitukset real_escape_string funktiolla tai metodilla, sillä PDO tarkistaa datan automaattisesti.

13.3 SQL: tietokannan perustoiminnot

Aloitetaan taulun luomisesta. Ennen kuin alat suinpäin luomaan uutta taulua tietokantaan, sinun pitää ensin tutkia, millainen on kotisivultilasi *meta-charset* tai millaisen haluat sen olevan. Tämä asia määritellään sivun *meta*-tageissa. Se tulee ottaa huomioon mysqltaulua luotaessa, jotta siihen tulee sama merkistö.

Suositeltavin merkistömuto tähän on *UTF-8*, jota käytetään tässä esimerkissä.

Esimerkki 13.29: Luodaan tietokanta *data*

```
CREATE DATABASE IF NOT EXISTS `data`;
```

Esimerkki 13.30: Luodaan taulu "Lista"

```
CREATE TABLE IF NOT EXISTS `Lista`(
  id int(11) NOT NULL auto_increment,
  pvm datetime default NOT NULL,
  nimi varchar(80) default NOT NULL,
  losoite varchar(80) default NOT NULL,
  paikkakunta varchar(80) default NOT NULL
  PRIMARY KEY (id),
  UNIQUE KEY ID (id)
) ENGINE=MyISAM DEFAULT CHARSET=utf8
AUTO_INCREMENT=1;
```

Skriptin lopussa, kun taulun sarakkeet on nimetty, määritellään taulun merkistöksi *utf8*, joka luo aakkosjärjestyksen muotoon *utf8_general_ci*.

SQL lauseen alkuosassa tarkistetaan ensin *IF NOT EXISTS* lauseella, ettei kyseistä taulua jo ole ennestään tietokannassa. Tässä tauluun tehdään seuraavat sarakkeet: id, pvm, nimi, osoite ja paikkakunta. Sarakkeelle *id* asetetaan ominaisuudeksi *auto_increment*, *PRIMARY_KEY* ja *UNIQUE ID* ja sen tyyppi on *int.* Muut sarakkeet ovat *varchar*-tyyppiä. Suluissa on kentän pituus merkkeinä. Varchar-tyypissä pisin kentän pituus voi olla enintään 255 merkkiä. Jos on tarvetta pitempään kenttään, suositellan käyttämään tyyppiä *text* tai *mediumtext*. Sen pituutta ei tarvitse ilmoittaa suluissa. Kenties haluat tehdä tietokannan tauluun sarakkeen, joka sisältää pelkästään numeroita, jotka on tarkoitus skriptin jossakin vaiheessa laskea yhteen. Käytä tällöin kentän tyyppinä *decimal*. Seuraavaksi lisätään siihen tavaraa.

Esimerkki 13.31: Lisätään rivi tauluun

```
INSERT INTO `Lista` SET pvm =NOW(),
                        nimi = 'Matti Meikäläinen',
                        osoite = 'Meikäkuja 1',
                        paikkakunta = 'Meikäjärvi';
```

Tässä tulee lisäksi esille uusi piirre SQL kielestä. Siinä SQL lause *NOW()* sisältää aikaleiman nykyhetkestä. Jos tätä päiväystä haluaa muuttaa suomalaiseen muotoon, sen tiedot tulee luoda ja järjestää ensin php:n *date* muuttujan avulla.

Esimerkki 13.32: Poistetaan taulusta rivi 24

```
DELETE FROM `Lista` WHERE id='24';
```

Esimerkki 13.33: Taulun poisto

```
DROP TABLE IF EXISTS `Lista`;
```

Tässä jälleen tarkistetaan ensin, että taulu on olemassa, ennen kuin sen poistoa yritetään. Näin vältetään turhia virheilmoituksia.

Esimerkki 13.34: Taulun tyhjennys

```
TRUNCATE IF EXISTS `Lista`;
```

Esimerkki 13.35: Näytetään kaikki tietokannat

```
SHOW DATABASES;
```

Esimerkki 13.36: Näytetään tietokannan taulut

```
SHOW TABLES FROM DATABASE `data`;
```

Esimerkki 13.37: Näytetään taulun Lista tiedot

```
SHOW CREATE TABLE `Lista`;
```

Esimerkki 13.38: Näytetään taulun sarakkeiden tiedot

```
SHOW COLUMNS FROM `Lista`;
```

Esimerkki 13.39: Näytetään taulun indeksit

```
SHOW INDEX FROM `Lista` FROM `data`;
```

Tässä esimerkissä haetaan tieto *data* tietokannan taulusta *Lista*.

13.4 SQL: Select, Update ja Alter table

Taulusta voi hakea tietoa normaaliin tapaan, mutta sieltä voi myös etsiä jotakin tiettyä merkkijonoa tai sen osaa. Taulun muokkaamiseen soveltuu saman-tyyppisiä toimintoja kuin tiedostojen muokkaamiseen: taulun voi poistaa, sen voi tyhjentää, osan taulusta voi poistaa ja sen tietoja voi muuttaa ja siihen voi lisätä tietoa ja sarakkeita. Rivin lisäys tulikin jo edellisellä sivulla.

Esimerkki 13.40: Tehdään perushaku tauluun Lista

```
SELECT * FROM `Lista`;
```

Esimerkki 13.41: Haku riviltä 24

```
SELECT * FROM `Lista` WHERE id = '24';
```

Näissä esimerkeissä merkintä tähti (*) tarkoittaa, että valitaan taulun kaikki sarakkeet, joka on yleisin käytäntö tietoja tulostettaessa. Tehdään seuraavaksi haku kahteen eri sarakeeseen.

Esimerkki 13.42: Haetaan sarakkeen osoite tiedot

```
SELECT `osoite`,`paikkunta` FROM `Lista`;
```

Esimerkki 13.43: Haetaan nimet Matti

```
SELECT * FROM `Lista` WHERE nimi LIKE 'Matti%';
```

Esimerkki 13.44: Haetaan yli 25 euron tuotteet

```
SELECT * FROM `Tuote` WHERE `hinta` > 25;
```

Esimerkki 13.45: Haetaan muut nimet, paitsi 'Matti'

```
SELECT `nimi` FROM `Lista` WHERE `nimi` LIKE <> 'Matti%';
```

Esimerkki 13.46: Haetaan merkkijonolla 'tt'

```
SELECT * FROM `Lista` WHERE `nimi` LIKE '%tt';
```

Esimerkki 13.47: Päivitetään sarakkeet rivillä 24

```
UPDATE `Lista` SET `nimi` = 'Matias', `osoite` = 'Pikkupolku'
WHERE id='24';
```

Esimerkki 13.48: Lisätään uusi sarake

```
ALTER TABLE `Lista` ADD COLUMN `teksti` text:
```

Esimerkki 13.49: Lisätään sarake kentän "nimi" jälkeen

```
ALTER TABLE taulu ADD COLUMN Ammatti varchar(20) AFTER
nimi
```

Esimerkki 13.50: Muutetaan sarakkeen tyyppiä

```
ALTER TABLE `Lista` MODIFY `teksti` VARCHAR(255);
```

Esimerkki 13.51: Muutetaan sarakkeen nimeksi
etunimi ja muutetaan kokoa

```
ALTER TABLE `Lista` CHANGE `nimi` `etunimi` VARCHAR(50);
```

Esimerkki 13.52: Poistetaan sarake

```
ALTER TABLE `Lista` DROP `teksti`;
```

14. Sähköpostin lähettäminen

14.1 Perusskripti ja html-viestin lähetys

Sähköposti lähetetään *mail*-funktiolla. Se tarvitsee argumentikseen vastaanottajan sähköpostiosoitteen, viestin otsikon ja viestitekstin. Hyviin tapoihin kuuluu myös ilmoitaa myös lähettäjän sähköpostioisoite. Kun lähetetään viesti html-muodossa tai jos lähetetään liitetiedostoa, viestin mukaan täytyy lähettää myös *header*-asetukset tiedoksi vastaanottajan selaimelle.

Esimerkki 14.1: Lähetetään yksinkertainen sähköposti

```php
<?php
$data="Tervehdys!
Tämä on testiviesti!!";
$aihe="Viestin aihe";
$mihin="jonkun@email.fi";
$mista="minun@mail.fi";
mail($mihin,$aihe,$data,"From:$mista");
?>
```

Huomaa, että viestidatassa olevat rivinvaihdot tulostuvat viestiin samalla tavoin. Html-sivun lähettäminen vaatii hiukan enemmän skriptiä. Html-tekstiin voit tehdä normaaleja *html-* ja *css*-muotoiluja, kuten tulostaa esim. kotisivuilla olevan kuvan *img*-elementillä.

Tarkastellaan seuraavaksi viestin lähettämistä html-muodossa. Tähän liittyvä tarvittava skripti on pitkä, sillä asiallinen html-muotoilu vie tilaa. Käsitellään tarpeelisia osia pala palalta. Tässä lisätään php merkkijono muuttujaan tekstiä sen edessä olevalla pisteellä.

Esimerkki 14.2: Viestin aloitustagi

```php
<?php
$data='<!DOCTYPE html PUBLIC "-//W3C//DTD HTML 4.01//EN"
"http://www.w3.org/TR/1999/REC-html401-
19991224/strict.dtd">';
```

Esimerkki 14.3: Html-skriptin alku

```
$data .='<html>
<head><title>Oma testiviesti</title>
<meta http-equiv="Content-Type" content="text/html;
charset=utf8">
</head>';
```

Esimerkki 14.4: Body elementin ulkoasua

```
$data .='<body style="background-color:rgb(153,200,198);
margin-left : 75px; margin-left:20px">';

/* Luo tähän kohtaan esim. html-taulukko, joka sisältää
lähetettävän viestin, liitä sen tieto muuttujaan $data edellä
esitetyllä tavalla */

$data .= '</body></html>';
```

Tässä siis jää   sinulle hiukan tehtävää, kun pohdit,
millaisen *html*-ulkoasun viestille haluat.

Esimerkki 14.5: Viestin lähetys

```
$aihe="Testiviesti";
$to="to@mail";
$mime_tyyppi = "Date: ".date("l j F Y, G:i")."rn";
$mime_tyyppi .= 'MIME-Version: 1.0'."rn";
$mime_tyyppi .= 'Content-type: text/html; charset=iso-8859-
1'."\r\n";
$mime_tyyppi .= 'From: You<you@mail>'."\r\n";
$mime_tyyppi .= 'Content-Transfer-Encoding: 7bit'."\n\n";
$texte .= $data;
$texte .= "\n\n\n";
mail($to,$title,$texte,$mime_tyyppi);
?>
```

Hiukan skriptin selvitystä: Html-muotoilu määritel-
lään selaimelle seuraavalla määritteellä: *Content-type*:
text/html. Tarvittaessa skandinaavisten merkkien toi-
mivuus määritellään taas lauseella *charset=iso-8859-
1*. Huomioitavaa: Mikäli data lähetetään esim. lomak-
keen *hidden*-tyypin kentästä, tulee muistaa lainaus-
merkit korvata " -merkillä.

14.2 Liitetiedoston liittäminen sähköpostiviestiin

Tiedoston liittäminen php-skriptillä osaksi sähköpostia on hiukan monmutkaisempi kuin homma kuin valmiilla ohjelmalla, esim. webmaililla. Liitetään tähän pitempi skripti pala palalta.

Esimerkki 14.6: Alku ja headerin asettaminen

```php
<?php
   $strTo = "Mr.Vastaanottaja<matti@maili.com>";
   $strSubject = "Test sending mail";
   $strMessage = "My Body & <b>My Description</b>";

   //*** Uniqid Session ***//
   $strSid = md5(uniqid(time()));

   $strHeader = "";
   $strHeader .= "From: Sinun Nimi<sinun@domain.net>\n";
   $strHeader .= "MIME-Version: 1.0\n";
   $strHeader .= "Content-Type: multipart/mixed;
   boundary=\"".$strSid."\"\n\n";
 $strHeader .= "This is a multi-part message in MIME format.\n";

   $strHeader .= "--".$strSid."\n";
   $strHeader .= "Content-type: text/html; charset=windows-
874\n";
   $strHeader .= "Content-Transfer-Encoding: 7bit\n\n";
   $strHeader .= $strMessage."\n\n";
```

Esimerkki 14.7: Lisätään tiedosto minun1.txt

```php
   //*** Files 1 ***//
   $strFilesName1 = "minun1.txt";
$strContent1=chunk_split( base64_encode( utf8_decode( file_get
_contents($strFilesName1) ) ) );
   $strHeader .= "--".$strSid."\n";
   $strHeader .= "Content-Type: application/octet-stream;
name=\"".$strFilesName1."\"\n";
   $strHeader .=
"Content-Transfer-Encoding: base64\n";
   $strHeader .= "Content-Disposition: attachment;
filename=\"".$strFilesName1."\"\n\n";
   $strHeader .= $strContent1."\n\n";
```

Esimerkki 14.7: Lisätään toinen liitetiedosto

```
//*** Files 2 ***//
  $strFilesName2 = "my2.txt";
$strContent2=chunk_split( base64_encode( file_get_contents( $st
rFilesName2 ) ) );
  $strHeader .= "--".$strSid."\n";
  $strHeader .= "Content-Type: application/octet-stream;
name=\"".$strFilesName2."\"\n";
  $strHeader .= "Content-Transfer-Encoding: base64\n";
  $strHeader .= "Content-Disposition: attachment;
filename=\"".$strFilesName2."\"\n\n";
  $strHeader .= $strContent2."\n\n";
```

Esimerkki 14.8: Lähetetään viesti

```
$flgSend = mail($strTo, $strSubject, null, $strHeader);
  if($flgSend) {
   echo "<b style='color: black; background-color: rgb(160, 255,
255);'>
Sähköpostin</b> lähetys onnistui.";
  } else {
   echo "<b style='color: black background-color: rgb(160, 255,
255);'>Viestiä ei voitu lähettää</b>.";
  }
?>
```

Edellinen esimerkki on siis alkuaan tarkoitettu UTF-8 tyyppiseen lähetykseen. Tässä on lisätty esimerkkiin 14.7 kohta, miten ääkköset saa liitteessä näkymään oikein. Ratkaisu siihen on funktio *utf8_decode*.

Varsinainen viestiteksti tässä skriptissä tulee siis muuttujaan *$strMessage* ja vastaanottajan sähköposti on muuttujassa *$strTo*. Lähettäjän sähköposti tulee taas muuttujaan *$strHeader*.

Tämä on suhteellisen yksinkertainen, tai oikeastaan liian monimutkainen, miten vain. Tiedoston nimiä ei siis ole oikeasti tapana kertoa suoraan skriptissä vaan on paljon helpompi valita haluttu tiedosto html-lomakkeelta. Tiedoston nimet onkin mainittu tässä helpottamaan tätä esimerkkiä, miten se toimii.

Muistellaan vähän sitä, miten html-lomakkeilta voi ottaa tietoa vastaan.

Esimerkki 14.9: Lähetetään liitetiedostot tmp-hakemistosta

```php
<?php
 for($i=1;$i<=6;$i++){
  if($_FILES["file".$i]["tmp_name"]){
   $strFilesName{$i} = $_FILES["file".$i]["tmp_name"];
   $strContent{$i} =
chunk_split(base64_encode(utf8_decode(
file_get_contents($strFilesName{$i})))));
   $strHeader .= "--".$strSid."\n";
   $strHeader .= "Content-Type: application/octet-stream;
name=\"".$strFilesName{$i}."\"\n";
   $strHeader .= "Content-Transfer-Encoding: base64\n";
   $strHeader .= "Content-Disposition: attachment;
filename=\"".$strFilesName{$i}."\"\n\n";
$strHeader .= $strContent{$i}."\n\n";
  }
 }
?>
```

Esimerkki 14.9: Lähetyslomakkeen kenttien tulostaminen

```php
<?php
for($i=1;$i<=6;$i++){
  echo '<tr><td class="rivi-jata">Kuva '.$i.':</td>
<td><input type="file" name="file'.$i.'"/></td></tr>';
}
?>
```

Esimerkki 14.10: Tallennetaan tiedosto ensin liitteet-hakemistoon

```php
<?php
 move_uploaded_file($_FILES['file'.$i]['tmp_name'],
          'liitteet/'.$_FILES['file'.$i]['name']);
   $strFilesName{$i} = 'liitteet/'.$_FILES['file'.$i]['name'];
?>
```

Tämä esimerkki on tarkoitettu pääasiassa luomaan uusia tiedostoja jostakin verkkosivulla, esim mysql-tietokannassa olevista tiedoista. Mutta sitä voi käyttää myös olemassaolevien tiedostojen lähettämiseen lukemalla niiden sisällön $tiedostokahva-muuttujaan.

Esimerkki 14.11: Tallennetaan viestin sisältö liitetiedostoon

```php
<?php
$selaimeen = "";
$vst = "";
$row="n";
$vastaanottaja="joku@com";
# Viestin otsikko
$otsikko="Testi Viesti ja Liite";
$selaimeen .= 'From: Pekka <from@com>'.$row;
$mime_boundary=md5(time());
$selaimeen .= 'MIME-Version: 1.0'.$row;
$selaimeen .= "Content-Type: multipart/related;
boundary="".$mime_boundary.""".$row;
# Viestin ja liitteen muotoilut sähköposti-ohjelmalle
# Lähetetään teksti viestinä ja liitteenä
$vst = "";
$vst .= "--".$mime_boundary.$row;
$vst .= "Content-Type: text/plain;charset="iso-8859-15"".$row;
$vst .= "Content-Disposition: attachment;
filename="teksti.txt"".$row.$row;
$vst .= "Tekstiä viestiin".$row.$row;
# Viestin lopetus
$vst .= "--".$mime_boundary."--".$row.$row;
mail($vastaanottaja, $otsikko, $vst, $selaimeen)
?>
```

15.1 Olion määrittely

Ennen kuin olion voi tehdä, täytyy määritellä luokka, joka muodostuu olion "sisällöksi". Luokassa määritellään objektin eli olion ominaisuudet, olion sisältämät muuttujat ja funktiot. Luokasta voidaan luoda yksi tai useampi samanlainen olio. Kun luokassa on määritelty olion ominaisuudet, ne saavat todellisen arvonsa oliossa. Toisin sanoen, kun luokka on määritelty, luodaan luokan tyyppiä oleva olio. Sen jälkeen oliota voidaan käyttää ohjelmassa.

15.2 Luokan rakenne ja olion luonti

Luokka luodaan avainsanalla *class*.

Sen jälkeen luodaan luokkaan metodi. Luokan ensimmäinen metodi on usein nimeltään __construct. Tämän metodin ansiosta luokkaa kutsuttaessa sille voidaan syöttää joitakin argumentteja, jotka näkyvät koko luokan alueella. Myös metodit voidaan määritellä julkisiksi tai yksityisiksi yllä olvan taulukon mukaisesti.

Esimerkki 15.1: Luokan rakenne

```php
<?php
Class Oma_luokka{
  public $muuttuja2;
  public function __construct($muuttuja){
    $this->muuttuja2 = $muuttuja * 6;
  }
}

$class = new Oma_luokka(4);
echo $class->muuttuja2;
?>
```

Tämä on yksinkertaisuuden huippua. Tässä mitättömässä esimerkissä pelkästään määritellään muuttuja, joka suoritaa laskutehtävän. Luokan sisällä muuttuja aina määritellään luokan sisäisellä muuttu-jalla $this. Näiden tulostamiseksi tarvitsee luoda olio. Tämä tapahtuu komennolla *new*. Koska tämä suorittaa laskun, samalla luokalle syötetään jokin numero. Laskun tulos selviää kun tulostetaan globaali muuttuja *$muuttuja2*.

Esimerkki 15.2: Luodaan olio *$testi*

```php
<?php
Class Oma_luokka{
  public function __construct($nimi){
    $this->nimi = $nimi;
  }
  public function work(){
    return $this->nimi . " lapioi lumet kuistilta.";
  }
}

$class = new Oma_luokka("Matti");

$testi = $class->work();
?>
```

Esimerkki 15.3: Luodaan abstrakti-luokka

```php
<?php
abstract class AbstractClass
{
    // Force Extending class to define this method
    abstract protected function getValue();
    abstract protected function prefixValue($prefix);

    // Common method
    public function printOut() {
        print $this->getValue() . "n";
    }
}
?>
```

15.3 Luokan periyttäminen

Periyttäminen tarkoittaa sitä että kantaluokan (toisin sanoen aiemmin määritellyn luokan) ominaisuudet ja toiminta voidaan siirtää johonkin myöhemmin luotavaan eli ladattavaan luokkaan. Tämä tapahtuu *extends* -määrityksellä.

Esimerkki 15.4: Luokan periyttäminen

```
class luokka1 {
  public $arvo;
  function eka_luokka($n = 0) {
    $this->arvo = $n;
  }
}
class luokka2 extends luokka1 {
  // Extends periyttää toiminnan
}
$olio = new luokka2(12);
echo "$olio->arvo <br>";
```

Tässä on yksinkertainen esimerkki luokan periyttämisestä, joka tapahtuu määritteellä extends. Luokan periyttämistä käytetään laajasti verkossa olevissa frameworkeissa, kuten wordpress, joomla ja prestashop. Yleensä kaikki suuret sivustot koostuvat nykyään erilaisista php-luokka rakenteista.

Esimerkki 15.5a: Abstraktin luokan käyttö

```
class ConcreteClass1 extends AbstractClass
{
    protected function getValue() {
        return "ConcreteClass1";
    }

    public function prefixValue($prefix) {
        return "{$prefix}ConcreteClass1";
    }
}
```

Esimerkki 15.5b: Abstraktin luokan käyttö (jatkoa)

```
class ConcreteClass2 extends AbstractClass
{
    public function getValue() {
        return "ConcreteClass2";
    }

    public function prefixValue($prefix) {
        return "{$prefix}ConcreteClass2";
    }
}
$class1 = new ConcreteClass1;
$class1->printOut();
echo $class1->prefixValue('FOO_') ."\n";

$class2 = new ConcreteClass2;
$class2->printOut();
echo $class2->prefixValue('FOO_') ."\n";
```

Näissä luokissa määritellään metodien *getValue* ja *prefixValue* sisältö (*ks. myös sivu 141*).

15.4 Class funktiot

Luokkien käsittelyä varten on tehty muutamia funktioita avuksi. Otetaan tähän niistä muutama.

Esimerkki 15.6: Tarkistetaan, löytyykö luokka

```
if(!class_exists("Oma_Luokka")){
    // tehdään jotakin
}
```

Esimerkki 15.7: Tarkistetaan, löytyykö metodi

```
$class = new Oma_Luokka();
var_dump(method_exists($class, "work"));
```

Esimerkki 15.7: Tarkistetaan, löytyykö muuttuja

```
print_r(property_exists('myClass', 'julkinen_muuttuja'))
```

16. XML tietojen muuttaminen

Tämä luku ei ole rajattu xml-tiedostoihin, vaan se käsittelee eri elementtien käsittelyä, sillä PHP:ssa *XML Manipulation* ei rajoitu XML-tiedostoihin. Se sisältää myös HTML-tiedostojen käsittelyn (sillä se on käytännössä xhtml-tiedosto), vaikka siinä voi olla joitakin puutteita HTML 5:n kanssa. Lisäksi siihen kuuluvat rss-, xsd- ja xslt-tiedostot.

16.1 DOMDocument kirjaston käyttö

Tämä on laaja kirjasto. Sillä voi luoda html- ja xml-tiedostoja 'lennossa' ja tulostaa ja muokata niitä.

Esimerkki 16.1: Luodaan pieni xml-tiedosto

```php
<?php
header( "content-type: application/xml; charset=utf8" );
$dom = new DOMDocument('1.0', 'utf-8');

$kuvat = $dom->createElement('Kuvat');
// kuva 1
$kuva = $dom->createElement('Kuva', 'Kuvateksti tässä');
$kuva->setAttribute( "img", "koivu.png" );
$kuva->setAttribute( "width", "1200px" );
$kuva->setAttribute( "height", "780px" );
$kuvat->appendChild( $kuva );
// kuva 2
$kuva2 = $dom->createElement('Kuva', 'Kuvateksti2 tässä');
$kuva2->setAttribute( "img", "poro.png" );
$kuva2->setAttribute( "width", "1200px" );
$kuva2->setAttribute( "height", "780px" );
$kuvat->appendChild( $kuva2 );
$dom->appendChild($kuvat);

echo $dom->saveXML();
?>
```

Tässä luokalle *DOMDocument* syötetään XML-version numero sekä merkistö-määrite, tässä käytetään utf8. Metodilla *createElement* luodaan uusi elementti, valittuun elementtiin voida luoda attribuutteja käyttämällä metodia *setAttribute*. Tämän juurielementti on "Kuvat". Elemenetit järjestetään paikoilleen metodilla *appendChild*. Jokaisen lapsielementin käsittelyn jälkeen täytyy se vielä lisätä juurielementtiin, kuten edellä olevassa skriptissä tämä rivi osoittaa:

```
$kuvat->appendChild( $kuva );
```

Esimerkki 16.2: Edellisen sivun tuottama skripti

```
<?xml version="1.0" encoding="utf-8"?>
<Kuvat>
<Kuva img="koivu.png" width="1200px"
height="780px">Kuvateksti tässä</Kuva>
<Kuva img="poro.png" width="1200px"
height="780px">Kuvateksti2 tässä</Kuva>
</Kuvat>
```

Vaikka metodin nimenä on *saveXML*, se ei tallenna skriptiä tiedostoon, vaan ohjelman muistiin. Mikäli halutaan tallentaa skripti tiedostoon, täytyy käyttää metodia *save*.

Esimerkki 16.3: Tallennetaan tiedostoon

```
$dom->save( 'kuvat.xml' );
```

Esimerkki 16.4: XML-tiedoston lataaminen

```
$dom = new DOMDocument();
$dom->load('kuvat.xml');
```

Esimerkki 16.5: Tarkistetaan onko xml-teksti oikein

```
$dom->validate();
```

Esimerkki 16.6: Ladataan html -elementtejä

```
$doc = new DOMDocument();
$doc->loadHTML("<html><body>Test<br></body></html>");
```

Esimerkki 16.7: Tehdään pieni html-tiedosto

```php
<?php
$dom = new DOMDocument();
$html = $dom->createElement('html');
// html
$html->setAttribute( "xmlns","http://www.w3.org/1999/xhtml" );
$html->setAttribute( "lang", "en" );
// head, $title
$head = $dom->createElement('head');
$title = $dom->createElement('title', 'Tämä on testi');
$head->appendChild( $title );
// meta
$meta = $dom->createElement('meta');
$meta->setAttribute( "charset", "utf8" );
$meta->setAttribute( "name", "description" );
$meta->setAttribute( "content", "Tämä on testisivu" );
$head->appendChild( $meta );
// style
$style = $dom->createElement('style', 'body{background:
#e3e3e3; font-family: verdana; } #box{background:green;
margin: 10px; border:solid #666666 1px; font-weight:bold;
height:100px; padding:15px;}');
$style->setAttribute( "type", "text/css" );
$head->appendChild( $style );
$html->appendChild( $head );
// body
$body = $dom->createElement('body');
$div = $dom->createElement('div', 'Tämä on testisivu');
$div->setAttribute( "id", "box" );
$body->appendChild( $div );
$html->appendChild( $body );
$dom->appendChild( $html );

echo $dom->saveHTML();
?>
```

Tässä käytettiin metodia *saveHTML* luokalle syötetty-
jen tietojen suorittamiseen. Tätä ominaisuutta ei sel-
västikään ole tarkoitettu varsinaisten html-sivujen luo-
miseen. *DOMDocument* kirjastoa voi sen sijaan
käyttää tilanteessa, jossa jonkin merkkijonon sekaan
on tarve lisätä html-sisältöä. Näin voi olla esim. aikai-
semmin luvussa 14 esille tulleessa sähköpostin lähet-
tämisessä html-muodossa.

Tuosta yllä olevasta skriptistä huomataan, että siinä
on tarve lisätä moneen kertaan toistuvia tageja, kuten

monta eri meta tagia ja tarvittaessa myös link, style- ja script tageja. Tähän on avuksi php.netin:n *DOMDocument* sivulta löytyvä luokka *Document*. Monet verkkosivustot käyttävätkin tätä Document-luokkaa hiukan muutettuna, koska on tarvetta tulostaa "lennossa" esimerkiksi sivutyylejä.

Esimerkki 16.8: Esimerkki Document luokasta

```php
public function addStyleSheet ( $url, $media='all' )
{
    $element = $this->document->createElement( 'link' );
    $element->setAttribute( 'type', 'text/css' );
    $element->setAttribute( 'href', $url );
    $element->setAttribute( 'media', $media );
    $this->styles[] = $element;
}

public function addScript ( $url )
{
    $element = $this->document->createElement( 'script', ' ' );
    $element->setAttribute( 'type', 'text/javascript' );
    $element->setAttribute( 'src', $url );
    $this->scripts[] = $element;
}
```

Esimerkki 16.9: Esimerkki Document luokan käytöstä

```php
$document = new Document( );
$document->title = 'Hello';
$document->addStyleSheet( 'css/stylesheet.css' );
$div = $document->createElement( 'div' );
$div->nodeValue = 'Hello, world!';
$div->setAttribute( 'style', 'color: red;' );
$document->body->appendChild( $div );
printf( '%s', $document->assemble( ) );
```

Tässä *Document* luokkaa käytettäessä ei luoda tiedostoa, vaan näytetään html-sisältö *printf* funktion avulla metodista *assemble*. Tämä on kuitenkin suositeltavaa tehdä hiukan toisin. Tuloksen voi tallentaa muuttujaan ja tulostaa skriptissä hiukan myöhemmin sopivaan kohtaan. Tarvittessa sen voi myös tallentaa tiedostoon. Ottakamme näistä lyhyt esimerkki.

Esimerkki 16.10: Tallennetaan tiedostoon

```
$html_result = $document->assemble();

$fp = fopen('hello.html', 'w');
fwrite($fp, $html_result);
fclose;
```

16.2 XSLT tiedoston näyttäminen

Uudemmissa PHP versioissa on *XSLTProcessor* luokka, jonka avulla voi *xslt*-muunneltuja tiedostoja näyttää selaimella. XSLT on lyhenne sanoista *Extensible Stylesheet Language*. Vaikka *xslt*-tiedostot voivat sisältää normaaleja *html*-tageja, selain ohittaa ne. Näiden html-tagien sijaan siinä voi näyttää sisällön myös *xml*- tai tekstimuotoisena. Otetaan tähän lyhyet esimerkit tähän tarvittavista tiedostoista.

Esimerkki 16.11: Pieni xml tiedosto

```
<?xml version="1.0" encoding="utf-8"?>
<Images>
  <Image img="koivu.png">
    <name>Kesäinen koivu</name>
    <author>Teppo Teikäläinen</author>
    <zone>Pohjanmaa</zone>
  </Image>
  <Image img="porot.png">
    <name>Poroaidalla</name>
    <author>Lauri Lappalainen</author>
    <zone>Lappi</zone>
  </Image>
</Images>
```

Otetaan tähän hiukan selvitystä näistä rakenteista. Jotta *XSLTProcessor* luokka toimisi oikein, ylläolevan kaltaisen *xml*-tiedoston elementit ja attribuutit täytyy osata määritellä oikeilla nimillä tätä vastaavassa xslt-tiedostossa. Xslt-tiedoston luomiseen onkin hyvä käyttää apuna alkuperäistä *xml*-tiedostoa.

Kuten ylläolevasta xml-tiedoston skriptistä havaitaan, opetellaan tässä samantien, miten kuvat voidaan liittää xslt-tiedostoon, joka esitellään tässä pala palalta.

Esimerkki 16.12: Pienen *images.xslt* tiedoston alku

```
<?xml version="1.0" encoding="utf-8"?>
<xsl:stylesheet version="1.0"
xmlns:xsl="http://www.w3.org/1999/XSL/Transform">

  <xsl:output method="xml" indent="yes" encoding="utf8"
     doctype-public="-//W3C//DTD XHTML 1.0 Strict//EN"
     doctype-
system="http://www.w3.org/TR/xhtml1/DTD/xhtml1-strict.dtd"/>
```

Tässä asetettiin selaimelle *xml-* ja *xslt-*aloitustagit. Tässä esimerkissä käytetään *utf8* merkistöä, sillä se oli myös edellisellä sivulla olevan *xml-*tiedoston merkistö.

Esimerkki 16.13: XSLT: xhtml-sisältöisen osan runko

```
  <!-- XHTML-dokumentin ylätunniste -->
  <xsl:template match="/">
    <html xmlns="http://www.w3.org/1999/xhtml" xml:lang="fi"
lang="fi">
      <head>
        <meta http-equiv="Content-Type" content="text/html;
charset=utf-8" />
        <title>Kuvat</title>
      </head>
      <body style="font-family:verdana">
        <xsl:apply-templates/>
      </body>
    </html>
  </xsl:template>
```

Tästä havaitaan, että sisällön tulostamiseen xslt-tiedostossa käytetään elementtiä *xsl:template*, jolle on sekä aloitus- että lopetustaginsa. Tässä käytetään sille attribuuttia *match*, joka on yleisimpiä yksinkertaisen *xslt-*tiedoston attribuutteja. Huomionarvoista tässä voi olla, että varsinaisessa body-osiossa onkin pelkkä xslt-elementti *apply-templates*. Tämä alue täytetään tiedoston seuraavilla riveillä.

Esimerkki 16.14: XSLT: body-sisällön täyttäminen

```
<!-- taulukko -->
  <xsl:template match="Images">
    <div style="margin:50px; padding:10px;
background:#e3e3e3">
      <h1>Photos</h1>
      <table border="3">
        <thead>
        <tr>
          <th>img</th>
          <th>Description</th>
          <th>Author</th>
          <th>Zone</th>
        </tr>
        </thead>
        <xsl:apply-templates/>
      </table>
    </div>
  </xsl:template>
  <!-- taulukon rivit -->
  <xsl:template match="Image">
    <tr>
      <td><img src="{@img}"/></td>
      <td><xsl:value-of select="name"/></td>
      <td><xsl:value-of select="author"/></td>
      <td><xsl:value-of select="zone"/></td>
    </tr>
  </xsl:template>

</xsl:stylesheet>
```

Kun tätä yllä olevaa skriptiä tarkastelee hiukan lähemmin, siinä havaitaan samankaltaisuuksia sivulla 148 olleeseen xml-tiedoston skriptiin. Tässä havaitaan elementin *xsl:template match*-attribuutissa xml-tiedoston elementti-nimet *'Images'* ja *'Image'*. Tuossa havaitaan jälleen *thead*-elementtien jälkeen elemetti *xsl:apply-templates*. Siihen liitetään taulukon riveistä koostuva viimeisin *xsl:template*.

Attribuuttien liittämiseen *xslt*-tiedostoon käytetään merkkiä @. Koska se tässä sisällytetään img-tagin sisään, se tulostetaan poikkeuksellisesti {@img}. Tätä samaa ominaisuutta on mahdollista käyttää, kun lisätään joitakin muita html-tagien attribuutteja. Tärkeää kuvia lisättäessä on, että kuvapolku on oikein lopullisessa *xslt*-tiedoston img-tagissa.

Seuraavaksi tarkastelemme XMLProcessor luokkaa. Tähän sisältyvä laakennus ei ole oletuksena asennettu php paketissa. Siksi täytyy ensin muokata tiedostoa php.ini. Linux käyttöjärjestelmässä se onnistuu kirjoittamalla siihen liittyvä asennuskomento päätteeseen.

Esimerkki 16.15: Lisätään xsl-laajennus (windows)

```
extension=php_xsl.dll;
```

Windows käyttöjärjestelmässä ylläoleva rivi lisätään php.ini tiedostoon samankaltaisten rivien kohdalle.

Esimerkki 16.16: Lisätään xsl-laajennus (linux)

```
sudo apt-get install php5-xsl
```

Esimerkki 16.17: XMLProcessor kirjaston käyttö

```
<?php
$filename = "image.xslt";
$xsldoc = new DOMDocument();
$xsldoc->load($filename);

$xmldoc = new DOMDocument();
$xmldoc->load('image.xml');

$xsl = new XSLTProcessor();
$xsl->importStyleSheet($xsldoc);
echo $xsl->transformToXML($xmldoc);
?>
```

Tässä havitaan, että ensiksi sekä *xslt-* että *xml*-tiedosto ladataan omaan olioonsa *DOMDocument* luokalla. Tämän jälkeen ladataan XSLTProcessor.

16.3 Simple XML kirjasto

Xml rakenteisia xml- ja rss-tiedostoja voi lukea käyttämällä php-kirjastoa *SimpleXMLElement*.

Tiedostonkäsittelyyn voi käyttää jonkin verran myös *simplexml* funktioita. Otetaan tähän tarkasteltaviksi molemmat esimerkit.

Esimerkki 16.18: Ladataan xml-tiedosto

```
// SimpleXMLElement kirjastolla
$xml = file_get_contens('testi.xml');
$parser = new SimpleXMLElement($xml);

// sama funktiolla
$parser = simplexml_load_file('testi.xml');
```

Tämän jälkeen xml-tiedosto on muuttunut php ob-
jektiksi, josta sen tulostamien onnistuu jatkotoimen-
piteillä. *SimpleXMLElement* kirjastoa käyttämällä voi-
daan käyttää kirjastoon rakennettuja metodeja. Aloi-
tetaan muuttamalla php objekti arrayn muotoon.

Esimerkki 16.19: Luodaan php-array

```
<?php
$xml = file_get_contens('testi.xml');
$parser = new SimpleXMLElement($xml);$array = array();
$name = $parser->getName();
$array = array();
$i = 0;

foreach ($parser->children() as $key => $level) {
    $array[$name][$key][$i]['attributes'] = array("image" =>
$level['img'] .' ', "width" => $level['width'] .' ');
    foreach ($level->children() as $key2 => $level2) {
      $array[$name][$key][$i][$key2] = $level2->__toString();
    }
    $i++;
}?>
```

Tässä siis poimitaan sivulla *148* olevan *xml*-tiedoston
sisältö normaaliin php-taulukkoon. Huomionarvoista
tässä on *attribuutin* tulostus. Molempien attribuuttien
perään on lisätty tyhjä välilyönti. Tämän ansiosta se
tulostuu merkkijonona, ilma sitä se tulostuisi objek-
tina. Tämän muutoksen jälkeen siitä tulostaminen on
huomattavasti helpompaa normaalien arrayn tulostus-
ohjeiden mukaan. Kannattaa ottaa huomion käsitel-
tävän *xml*- tai *rss*-tiedoston rakenne, jotta voi selvit-

tää montako "tasoa" eli montako *foreach*-silmukkaa tulee laittaa edellisen esimerkin kaltaiseen skriptiin. Verkosta voi myös löytää *lalit.org*:n sivuilta suuren (yli 3.3 kilotavua) *XML2Array* luokan, joka tekee saman kuin edellä oleva lyhyt skripti, mutta hiukan monipuolisemmin tarvitsematta vilkaista etukäteen *xml*-tiedoston rakennetta.

Esimerkki 16.20: Luodaan array *XML2Array* luokalla

```
$array = new XM2Array("images.xml");
```

Esimerkki 16.21: Rss-tietojen parsiminen

```
<?php
$rss=file_get_contents( "https://feeds.yle.fi/uutiset/v1
/majorHeadlines/YLE_UUTISET.rss" );
  $xml = new SimpleXMLElement($rss);

  for($i=0;$i<count($xml->channel->item);$i++){?>
  <div class="otsikko">
  <a href="<?php echo $xml->channel->item[$i]->link;?>">
    <?php echo $xml->channel->item[$i]->title;?>
  </a>
  </div>

    <div class="kuvaus">
  <?php  # kuvaus, katkaistaan ylipitkät rivit
    echo wordwrap($xml->channel->item[$i]-
>description,100,"<br/>",10);
      ?>

    <small><?php echo $xml->channel->item[$i]->pubDate;?
></small>
      echo '</div>';

  <?php }?>
```

Tässä on yksinkertainen esimerkki. Huomionarvoista on se, että hyvin suurten rss-tiedostojen lataaminen voi olla hidasta. Mutta usein tarvitaan tämän lisäksi tulostaa *rss*-tiedostossa olevia muita tietoja, esim. kuvia. Tähän tarvitaan lisätoimintoja. Tämän esimerkin yle.fi rss-tiedostossa kuva on elementissä *enclosure*.

Esimerkki 16.22: Haetaan kuva

```
<table>
<?php
    for($i=0;$i<count($xml->channel->item);$i++){
        $query{$i} = "";
        $image{$i} = "";
        $child = $xml->channel->item[$i];
        foreach ($child->children() as $key => $level) {
            if($key == 'enclosure'){
                foreach($xml->channel->item[$i]-
>enclosure->attributes() as $a => $b) {
                    $query{$i} .='&'.$a.'='.$b;
                    parse_str($query{$i});
                    $image{$i} = $url;
                }
            }
        }
    if(empty($image{$i})){
            $image{$i} = "images/no_image.jpg";
    }?>
    <tr>
    <td><?php if( !empty( $image{$i}) ) {?><img src="<?php
echo   $image{$i};?>" style="width:100px;"
alt="image"/><?php }?></em></td>
        <td class="otsikko"><a href="<?php echo $xml-
>channel->item[$i]->link;?>">
        <?php echo $xml->channel->item[$i]->title;?>
    </a>
    <br/>

    <small class="kuvaus">
    <?php  # kuvaus, katkaistaan ylipitkät rivit
    echo wordwrap($xml->channel->item[$i]-
>description,100,"<br/>",10);
        ?>
        <small><?php echo $xml->channel->item[$i]->pubDate;?
></small>
    </small> </td></tr>

    <?php }?>
</table>
```

Tässä esimerkissä tarkistetaan ensin, että elementti *enclosure* ja kuva löytyy, jotta vältytään virheiltä eikä tulosteta tyhjää *img*-tagia. Tässä havaitaan samankaltainen silmukka kuin sivulla 157 olevassa skriptissä. Metodilla *children* haetaan kaikki ns. lapsielementit elementille *item*. Normaalilla tuloksen vertailulla tarkistetaan, löytykö tarvittua *enclosure* elementtä.

17.1 Pakkaaminen zip-tiedostoksi

Tarkastellaan tässä lyhyesti, miten voi pakata zip-tiedostoja suureksi paketiksi. Tämä onnistuu *ZipArchive* kirjastolla.

Esimerkki 17.1: Luodaan zip-paketti

```
$path = 'C:/MAMP/htdocs/arkisto/';
$zip = new ZipArchive;
$zip_arkisto = "arkisto.zip";
$open = opendir( $path );
while(( $file = readdir($open) ) !=false) {
    if($file !='.' && $file !='..'){
        if(is_dir($path . $file)){
            // alahakemisto hakemistossa 'arkisto'
            if ($zip->open($zip_arkisto, ZipArchive::CREATE) !
=TRUE) {
                exit("Ei voitu luoda tiedostoa $zip_arkisto\n");
            }
            $file = preg_replace('/[\/]{2,}/', '/', $file);
            // luodaan tyhjä hakemisto
            $zip->addEmptyDir($file);

            // selataan alahakemistoa
            $sub1 = opendir( $path . $file );
            while(( $file2 = readdir($sub1) ) !=false) {
                if( is_file($path . $file . '/' . $file2) ){
                    // jos sieltä löytyy tiedostoja, pakataan ne
                    @$zip->addFile( $path . $file . '/' . $file2, $file .
'/' . $file2 );
                }
            }
        }
        if(is_file($path . $file)){
            // pakataan hakemistossa 'arkistossa' olevat tiedostot
            @$zip->addFile( $path . $file, $file );
        }
    }
}
```

Tässä silmukasassa selataan hakemistoja ja lisätään uusi hakemisto zip-pakettiin metodilla *addEmptyDir*.

Tiedoston lisääminen tehdään metodilla *addFile*. Tässä on hyvä huomata että metodi *addFile* tarvitsee kaksi argumenttia, alkuperäisen tiedoston polun sekä luotavassa zip-paketissa olevan hakemistopolun.

Lisäämällä tähän skriptiin samankaltaisia silmukoita voidaan pakata sisemmällä hakemistopolussa olevia hakemistoja ja tiedostoja. Uusien siilmukoiden lisäys kohta skriptissä on seuraava:

Esimerkki 17.2:

```
if( is_file($path . $file . '/' . $file2) ){
        // jos sieltä löytyy tiedostoja, pakataan ne
                    @$zip->addFile( $path . $file . '/' . $file2, $file .
'/' . $file2 );
    }
    // lisättäviä skriptejä sisältävä uusi silmukka
    if(is_dir($path . $file . '/' . $file2)){
        // luodaan tyhjä hakemisto
      $zip->addEmptyDir($file . '/' . $file2);
       /* tähän voi luoda uuden while-silmukan, joka tutkii
       hakemiston $path . $file . '/' . $file2 */
    }
```

17.2 Zip-paketin purkaminen

Pakatun zip-tiedoston voi purkaa metodilla *extractTo* ja se tarvitsee argumentiksi hakemistopolun.

Esimerkki 17.3: Zip tiedoston purkaminen

```
$unzip_directory = 'C:/MAMP/htdocs/docs/';

$zip = new ZipArchive();
if ($zip->open('arkisto.zip') == TRUE) {
    $zip->extractTo($unzip_directory);
    $zip->close();
}
```

17.3 Zip funktiot

Zip-pakettien käsittelyyn on tehty myös muutamia zip-funktioita. Nämä saattavat olla toisarvoisia, joita ei välttämättä ole tarvetta käyttää, koska käytössä on edellä esitelty *ZipArchive* kirjasto.

Esimerkki 17.4: Zip tiedoston purkaminen

```php
<?php
$zip_dir = "import/";
$file = getcwd() . '/arkisto.zip';
$zip = zip_open($file);

if ($zip) {
    while ($zip_entry = zip_read($zip)) {
        $file = basename(zip_entry_name($zip_entry));
        $fp = fopen($zip_dir.basename($file), "w+");

        if (zip_entry_open($zip, $zip_entry, "r")) {
            $buf = zip_entry_read($zip_entry,
zip_entry_filesize($zip_entry));
            zip_entry_close($zip_entry);
        }

        fwrite($fp, $buf);
        fclose($fp);
    }
    zip_close($zip);
}
?>
```

Tämän huomataan olevan paljon pitempi skrikpti kuin edellisellä sivulla oleva *extractTo* metodilla tehty purkaminen. Tämä on kaiken lisäksi puutteellinen, sillä tämä siirtää ainoastaan tiedostot, jotka ovat zip-paketissa ylimpänä hakemistopolussa. Tähän tarvittaisiin laaja skripti, joka luo uusia hakemistoja, selaa zip-paketista löytyneitä hakemistoja läpi niin pitkälle kuin niitä löytyy. Tässä skriptissä kuitenkin esitellään funktio *getcwd*, jota ei aikaisemmin ole tullut esille. Se on kätevä, mikäli hakemistopolku on pitkä, säästää pitkän merkkijonon kirjoitukselta.

Niimpä tässä ei näitä zip-funktioita käydä tämän laajemmin läpi.

18. cURL kirjaston käyttö

18.1 Aloitus toimenpiteet

Verkkosivuilla on usein tarvetta hakea tietoa joltakin naapurisivustolta. Verkkokaupoissa näitä tietoja ladataan usein valitun maksutapa-rajapinnan kautta, kuten esimerkiksi paypalista. PHP:ssä tämä onnistuu *cURL* eli *Client URL* kirjaston avulla.

CURL ei tomi kaikilla palvelimilla turvallisuussyistä. Tämä johtuu siitä, että jotta cURL toimisi, php:n *API Extensions* täytyy olla asennettuna. Jos et ole varma sen tomivuudesta, voit nähdä sen *phpinfo* funktiolla.

Esimerkki 18.1: Näytetään php:n asetukset

```
<?php echo phpinfo(); ?>
```

Phpinfo funktiolla saadaan aikaan pitkä lista. Kohdasta *mysqlnd* löytyy alimpana asetus *API Extensions*. Mikäli siinä lukee 'no value', cURL kirjastoa ei voi palvelimella käyttää.

mysqlnd	
Version	mysqlnd 5.0.12-dev - 20150407 - $Id: b
Compression	supported
core SSL	supported
extended SSL	not supported
Command buffer size	4096
Read buffer size	32768
Read timeout	31536000
Collecting statistics	Yes
Collecting memory statistics	No
Tracing	n/a
Loaded plugins	mysqlnd,debug_trace,auth_plugin_mysq(
API Extensions	pdo_mysql

mysqlnd statistics	
bytes_sent	0
bytes_received	0

Vaikka php käyttää cURL laajennuksesta nimitystä *'library'* eli *'kirjasto'*, cURLia käytetään cURL funktioilla. Se käyttää yhteyden argumentteina vakioita, joita tässä kutsutaan *cURL vakioiksi.*

Taulukko 19: Joitakin cURL vakioita

Vakio	Merkitys
CURLOPT_HEADER	Otsikko tieto
CURLINFO_HEADER_OUT	Poistetaan otsikko
CURLOPT_USERAGENT	Käyttäjän selain
CURLOPT_FORBID_REUSE	Uudelleen suoritus
CURLOPT_RETURNTRANSFER	Paluutieto
CURLOPT_POST	Lähetyksen tyyppi POST
CURLOPT_TIMEOUT	Latauksen aika
CURLOPT_URL	Url osoite
CURLOPT_HTTPHEADER	Http otsikko
CURLOPT_POSTFIELDS	POST kenttien tiedot

18.2 Yhteyden muodostaminen

Yhteys aloitetaan funktiolla *curl_init*, sille syötetään tarvittavat tiedot fuktiolla *curl_setopt*. Listataan yhteyden aloitusskripti tähän kahdessa erässä.

Esimerkki 18.2a: Käynnistetään cURL yhteys

```
$curl = curl_init();

    curl_setopt($curl, CURLOPT_HEADER, false);
    curl_setopt($curl, CURLINFO_HEADER_OUT, true);
    curl_setopt($curl, CURLOPT_USERAGENT,
$_SERVER['HTTP_USER_AGENT']);
    curl_setopt($curl, CURLOPT_FORBID_REUSE, false);
    curl_setopt($curl, CURLOPT_RETURNTRANSFER, true);
    curl_setopt($curl, CURLOPT_POST, true);
    curl_setopt($curl, CURLOPT_TIMEOUT, 120);
```

Tässä esimerkissä ei syötetä selaimelle mitään tietoja. Kyselylle pyydetään vastausta asettamalla cURL vakion *CURLOPT_RETURNTRANSFER* arvoksi *'true'*. Siltä varalta, että pyynnön suorittamisessa voisi olla jotakin ongelmia vastaanottopäässä, asetetaan kyselylle maksimiaika kaksi minuuttia (120 sekuntia).

Esimerkki 18.2b: Käynnistetään cURL yhteys (jatkoa)

```
$url = 'http://www.homepage.fi/index.php?page=32';
$values = '&tuote=32&info=2';
curl_setopt($curl, CURLOPT_URL, $url);
curl_setopt($curl, CURLOPT_HTTPHEADER,array('Expect:'));
curl_setopt($curl, CURLOPT_POSTFIELDS, $values);

$result_data = curl_exec($curl);

curl_close():
```

Tässä syötettiin url-osoite, johon pyyntö lähetetään ja pyydettävät tiedot. Saapuneet tiedot poimitaan funktiolla *curl_exec*. Koska saapuneet tiedot tulevat merkkijonona, niitä voi olla tarvittaessa muutettava taulukoksi *unserialize* tai *json_encode* funktiolla. Ensin kannattaa kuitenkin tarkistaa muuttuja *$result_data*, ettei se ole tyhjä.

19.1 Date funktioiden käyttö

Aikaisemmin on jo lyhyesti viitattu *date* ja *time* funktioihin. Tässä tarkastellaan hiukan yksityiskohtaisemmin näiden funktioiden toimintoja. Myös date funktiot sisältävät vakioita, joita voi nimittää *date vakioiksi*. Poikkeuksena näillä vakioilla on se, että niissä isoilla ja pienillä kirjaimilla on oma merkityksensä.

Taulukko 20a: Date vakioita

Vakio	Merkitys
d	Kuukauden päivä aina 2 numeroisena (muodossa 01-31)
D	Päivän näyttö lyhennettynä tekstinä (engl.)
j	Päivän näyttö ilman nollia (muodossa 1-31)
l (pieni 'L')	Päivän nimi tekstinä (engl.)
N	Viikonpäivän numero (1 = maanantai, muod. 1-7)
w	Viikonpäivän numero (0 = sunnuntai, muod. 0-6)
z	Vuodenpäivän numero (muodossa 0-365)
W	Viikon järjestysnumero
F	Kuukauden nimi tekstinä (engl.)
m	Kuukauden järjestysnumero (muodossa 01-12)
M	Kuukauden nimi tekstilyhenteenä (engl.)
n	Kuukauden järjestysnumero (muodossa 1-12)
t	Kuluvan kuukauden päivien yhteismäärä
L	Tutkii, onko kyseessä karkausvuosi
o	Sama kuin Y, paitsi jos kuluva viikko kuuluu osaksi seuraavaan tai edelliseen vuoteen
Y	Näyttää vuoden nelinumeroisena
y	Näyttää vuoden kaksinumeroisena (muod. 01-99)

Taulukko 20b: Date vakioita (jatkoa)

Vakio	Merkitys
q	Näyttää amu- ja iltapäivän (muodossa am, pm)
A	Sama kuin 'a', mutta näyttää suurilla kirjaimilla
B	Swatch internet aika (muodossa 000-999)
g	12-tuntinen näyttö (muodossa 1-12)
G	24-tuntinen näyttö (muodossa 0-23)
h	12-tuntinen näyttö (muodossa 01-12)
H	24-tuntinen näyttö (muodossa 00-23)
i	Minuutit muodossa 00-59
s	Sekunnit muodossa 00-59
e	Näyttää aikavyöhyke tunnisteen
I (iso 'i')	Onko kuluva päivä kesäaikana vai ei
O	Ero Greenwichin aikaan (muodossa +0200)
P	Ero Greenwichin aikaan (muodossa +02:00)
T	Aikavyöhykkeen lyhenne
Z	Aikavyöhykeen siirtymä sekunneissa. UTC: n länsi-puolella olevien aikavälien siirtyminen on aina nega-tiivinen ja UTC: n itäpuolella on aina positiivinen.
c	ISO 8601 päiväys
r	RF 2822 mukautettu päiväys
U	Sekunteja alkaen 1.1.1970 00:00:00

Mikäli olet asentanut MAMP palvelinpaketin, sinulla voi olla tarvetta muuttaa *php.ini* tiedostoa, jotta palvelimen kello näyttää oikein. Etsi php-versiosi php.ini tiedosto hakemistosta *conf* ja etsi seuraava rivi:

```
;date.timezone =
```

Muokkaa sitä seuraavasti:

```
date.timezone = "Europe/Helsinki"
```

Tarkastelkaamme sitten joidenkin date funktioiden toimintoja.

Esimerkki 19.1: Funktion *date_parse* toiminto

```
$pvm = "2018-02-12 20:25:05.5";
$date = date_parse($pvm);
print_r($date);
/* Tämä tulostaa
Array
(
    [year] => 2018
    [month] => 2
    [day] => 12
    [hour] => 20
    [minute] => 25
    [second] => 0
    [fraction] => 0.5
    [warning_count] => 0
    [warnings] => Array
        (
        )

    [error_count] => 0
    [errors] => Array
        (
        )

    [is_localtime] =>
) */
```

Vaikka php sisältää pääosin englanninkielisiä asetuksia, tämä toimii oikein myös skandinaaviseen tyyliin kirjoitetulle päiväykselle "12.2.2018 20:25:00.5".

Esimerkki 19.2: Funktio *getdate*

```
<?php
$today = getdate();
echo "<pre>";
print_r($today);
echo "</pre>";
?>
```

Tämä toimii hiukan samankaltaisesti kuin ylempänä oleva *date_parse*. Tämä tekee arrayn ajankohtaisesta ajasta ja nimeää arrayn avaimet hiukan eri tavalla.

Esimerkki 19.3: Funktio *idate*

```
<?php
$timestamp = strtotime('12st March 2017');
echo idate('Y', $timestamp);
?>
```

Tässä funktio *strtotime* muuntaa ensin päiväyksen sekunneiksi alkaen ajankohdasta 1.1.1970. Tämän jälkeen funktiolla *idate* näytetään kyseisestä luvusta vuosi.

Tarkastellaan sitten funktiota *mktime*. Se tarvitsee yhteensä kuusi argumenttia. Sitä käytetään yleensä muiden funktioiden kanssa.

Esimerkki 19.4: Funktion *mktime* käyttö

```
<?php
echo date("M-d-Y", mktime(0, 0, 0, 12, 31, 2017));
/* Tulostaa:
  Dec-31-2017
*/
?>
```

Taulukko 21: Funktion *mktime* argumentit

Järjestys	Argumentti
1	Tunti
2	Minuutti
3	Sekunti
4	Kuukausi
5	Päivä
6	Vuosi

Esimerkki 19.4: Mikrosekunnin tulostus

```
echo microtime();
/* tulostaa muodossa: 0.71771600 1518468062 */
```

Tämä palauttaa ajan millisekunteina. Monella sivustolla tätä funktiota käytetään laskemaan sivun latautumisaika.

Esimerkki 19.5: Sivun latautumisajan laskeminen

```php
<?php
function getTime() {
  $time = explode (" ", microtime());
  return $time[1]+$time[0];
  }
$aika = getTime();
echo "Sivun latautumisaika " . number_format(getTime()-
$aika,8,".","")."s";
?>
```

Esimerkki 19.6: Localtime funktion käyttö

```php
$localtime = localtime();
$localtime_assoc = localtime(time(), true);
echo "<pre>";
print_r($localtime);
print_r($localtime_assoc);
echo "</pre>";
/* Tulostaa:
Array
(
    [0] => 7
    [1] => 46
    [2] => 22
    [3] => 12
    [4] => 1
    [5] => 118
    [6] => 1
    [7] => 42
    [8] => 0
)
Array
(
    [tm_sec] => 7
    [tm_min] => 46
    [tm_hour] => 22
    [tm_mday] => 12
    [tm_mon] => 1
    [tm_year] => 118
    [tm_wday] => 1
    [tm_yday] => 42
    [tm_isdst] => 0
) */
```

Funktio *localtime* ottaa ylös ajankohdan eri tiedot. Kun käytetään funktiota *time* ja *true*, se nimeää arrayn avaimet sen sisällön mukaan.

Esimerkki 19.7: Funktio *gmdate*

```
echo date("M d Y H:i:s", mktime(0, 0, 0, 1, 1, 1998));
echo "<br>";
echo gmdate("M d Y H:i:s", mktime(0, 0, 0, 1, 1, 1998));
```

Suomessa ajettuna ylläoleva skripti tulostaa alemmalle rivile 2 tunnin aikaeron: "Dec 31 1997 22:00:00".

Esimerkki 19.8: Aikavyöhykkeen tulostus

```
<?php
if (date_default_timezone_get()) {
    echo 'date_default_timezone_set: ' .
date_default_timezone_get() . '<br />';
}
?>
```

Funktiolla *date_default_timezone_set* tarkistetaan, mikä on palvelimella asetettu oletus aikavyöhyke. Halutessaan tämän voi muuttaa sivulla kävijöitä varten.

Esimerkki 19.9: Asetetaan uusi aikavyöhyke

```
<?php
date_default_timezone_set('Europe/London');
if (date_default_timezone_get()) {
    echo 'date_default_timezone_set: ' .
date_default_timezone_get() . '<br />';
}

if (ini_get('date.timezone')) {
    echo 'date.timezone: ' . ini_get('date.timezone');
}
?>
```

Tässä huomataan, että vaikka oletus aikavyöhyke on muutettu, funktiolla *ini_get* voi aina tarkistaa palvelimelle asetetun aikavyöhykkeen.

Esitellään tässä lyhyesti tekemäni luokka *TimeDiff*, joka laskee aikaerot. Tämä tomii vuoden 1902 alusta lähtien. Otetaan tämä tähän pala palalta tarkasteltavaksi.

Esimerkki 19.10a: Lasketaan aikaerot

```
class TimeDiff{
    private $startDate;
    private $endDate;

    public function __construct($date1, $date2 = ''){
        $date1 = str_replace("/", ".", $date1);
        $date2 = str_replace("/", ".", $date2);
        $this->startDate = strtotime($date1);
        if($date2){
            $this->endDate = strtotime($date2);
        } else {
            $this->endDate = false;
        }
    }
}
```

Tässä luokan *__construct* metodissa esitellään alkutoiminnot. Luokalle syotetään aloitus- ja lopetusaika ja muutetaan ne sekunneiksi *strtotime* funktiolla.

Esimerkki 19.10b: Lasketaan aikaerot (jatkoa)

```
public function diff(){
    if($this->endDate == false){
        return;
    }
    return $this->endDate - $this->startDate;
}
```

Tällä metodilla voidaan tulostaa syötettyjen ajankohtien ero sekunteina.

Esimerkki 19.10c: Lasketaan aikaerot (jatkoa)

```
public function datediff(){
    if($this->endDate == false){
        return;
    }
    $date_off = $this->replace();
```

Tässä metodin *datediff* alkuosa. Aloitetaan muuttamalla päiväystä metodilla *replace*.

Esimerkki 19.10c: Lasketaan aikaerot (jatkoa)

```
    $date_diff = explode('-', $date_off);
    $date_diff_string = "Aikaero on ";
    if($date_diff[0] > 0){
        $date_diff_string .= $date_diff[0] . $this-
>years($date_diff[0], $date_diff[1], $date_diff[2]);
    }
    if($date_diff[1] > 0){
        $date_diff_string .= $date_diff[1] . $this-
>months($date_diff[1], $date_diff[2]);
    }
    if($date_diff[2] > 0){
        $date_diff_string .= $date_diff[2] . $this-
>days($date_diff[2]);
    }
    $date_diff_string .= ".";

    return $date_diff_string;
}
```

Metodin *datediff* loppuosa. Tässä ensin poimitaan ajasta erilleen vuodet, kuukaudet jä päivät metodin *replace* tekemästä päiväyksestä.

Tulostettavaa merkkijonoa muokataan sitten metodeissa *years*, *months* ja *days*.

Esimerkki 19.10d: Lasketaan aikaerot (jatkoa)

```
    protected function replace(){
        $different = $this->diff();
        $date_off = date('Y-n-j', $different);

        $parts = explode('-',$date_off);
        $parts[0] = $parts[0] - 1970;
        $parts[1] = $parts[1] - 1;
        $parts[2] = $parts[2] - 1;
        return implode('-', $parts);
    }
```

Tässä korjataan päiväystä. Tehdään ensin aikaeron sekunneista päiväys *date* funktiolla. Koska php laskee sekunteja vuodesta 1970 eteenpäin, se lisää ajankohtien todelliseen aikaeroon 1970 vuotta.

Samoin on tarvetta korjatta kuukausien ja päivien lukumäärää vähentämällä niitä yhdellä.

Esimerkki 19.10e: Lasketaan aikaerot (jatkoa)

```php
protected function years($num, $months, $days){
    $array = array(" vuosi", " vuotta");
    $year = "";
    if($num == 1) $year .= $array[0];
    if($num > 1) $year .= $array[1];

    if($months > 0 && $days > 0){
        $year .=", ";
    } elseif ($months > 0 && !$days == 0 || $months == 0 &&
$days > 0){
        $year .=" ja ";
    }
    return $year;
}

protected function months($num, $days){
    $array = array(" kuukausi", " kuukautta");

    $month = "";
    if($num == 1) $month .= $array[0];
    if($num > 1) $month .= $array[1];

    if($num > 0 && $days > 0){
        $month .=" ja ";
    }
    return $month;
}

protected function days($num){
    $days = array(" päivä", " päivää");
    if($num == 1) return $days[0];
    if($num > 1) return $days[1];
}
}
```

Näissä metodeissa muokataan merkkijonoa sen mukaan, onko vuosia, kuukausia tai päiviä yksi vai enemmän. Metodeissa *years* ja *months* tarkistetaan myös se, löytyykö kuukausia ja päiviä ja sen tuloksen mukaan asetellaan näytettävää merkkijonoa.

Esimerkki 19.11: TimeDiff luokan käyttö

```
$time = new TimeDiff("1902-01-10", "1926-02-14");

echo $time->datediff();
```

Luokalle syötetään ensimmäisenä aloitusaika ja toisena argumenttina lopetusaika. Päiväyksen aika merkitään yhden päivän tarkkuudella. Se voidaan syöttää myös joko *"14/02/1926"* tai *"14.02.1926"*, jotka vastaavat skandinaavista kirjoitustapaa.

19.2 DateTime kirjaston käyttö

DateTime kirjastolla voi tehdä monia samoja asioita kuin date funktioilla.

Esimerkki 19.10: Peruspäiväys

```
$date = new DateTime('2018-01-01');
echo $date->format('Y-m-d H:i:sP');
/* Tulostaa Suomessa:
  2018-01-01 00:00:00+02:00
*/
```

Tämä siis lisää kellon ajan pelkkinä nollina.Tuossa tuo viimeinen iso 'P' näyttää eron Greenwichin aikaan.

Esimerkki 19.11: Lisätään eri aikavyöke

```
$date = new DateTime(null, new DateTimeZone('Pacific/Nauru'));
echo $date->format('Y-m-d H:i:sP');
/* Tulostaa esimerkiksi:
  2018-02-14 01:17:38+12:00
*/
```

Tässä käytettiin lisäksi kirjastoa *DateTimeZone*, jolla lisättiin aikavyöhyke *Pacific/Nauru*. Se näyttää, että se on 12 tuntia edellä Greenwichin aikaa. Tässä ei syötetä *DateTime* kirjastolle mitään aikaa, niimpä se näyttää ajan nykyhetkessä kyseisellä aikavyöhykkeellä.

Esimerkki 19.10: Aikaleima

```
$date = new DateTime();
@$date->setTimestamp();
echo $date->format('Y-m-d H:i:s') ;
/* Tulostaa ajan muodossa:
2018-02-13 15:28:04
*/
```

Vastaavankaltaisen aikaleiman voi tehdä lyhyem-mällä skriptillä *date* funktiolla. DateTime kirjastolla voi myös laskea kahden eri ajankohdan välisen eron. Tä-mä skripti havainnollistaa lisäksi sitä, että edellä esi-tellyt *date vakiot* toimivat myös *DateTime* kirjaston kanssa.

Esimerkki 19.11: Metodin *diff* käyttö

```
<?php
$datetime1 = new DateTime('2010-01-01');
$datetime2 = new DateTime('2018-02-13');
$interval = $datetime1->diff($datetime2);
echo $interval->format('%R%a days');
?>
```

Tämä laskee, montako päivää on annettujen ajan-kohtien välillä.

19.3 Kalenteri funktioita

Esimerkki 19.12: Muutetaan kalenteria

```
// muunto juliaanisesta kalenterista:
$today = juliantojd(2, 1, 2018);
echo "<pre>";
print_r(cal_from_jd($today, CAL_GREGORIAN));
echo "</pre>";

// sama juutalaisesta kalenterista:
$today = jewishtojd(2, 1, 2018);
echo "<pre>";
print_r(cal_from_jd($today, CAL_GREGORIAN));
echo "</pre>";
```

Tämä funktio muutta valitun kalenterin päivän gre-
goriaanisen kalenterin päiväksi.

Esimerkki 19.13: Muunto juutalaiseen kalenteriin

```
$str = jdtojewish(gregoriantojd(10, 8, 2002), true,
CAL_JEWISH_ADD_GERESHAYIM + CAL_JEWISH_ADD_ALAFIM +
CAL_JEWISH_ADD_ALAFIM_GERESH);
$str1 = iconv ('WINDOWS-1255', 'UTF-8', $str);
echo $str1;
```

Tämä muuttaa kalenterin tekstit heprealaisiin kirjai-
miin, jonka vuoksi käytetään UTF-8 merkistöä.

Aakkosellinen hakemisto (komennot ja luokat)